Ein vegetarisch-veganes Kochbuch

mit Bildern des Künstlers Rudolf Draheim,
poetischen Texten von Kindern aus
Südtirol/Italien, Österreich und Tunesien
und Rezepten von renommierten Köchen.

Inhaltsverzeichnis

Als Gründungsmitglied des Vereins Kinderhilfe Potsdam freue ich mich sehr, dass Sie unser Kunstkochbuch „Kinder, Kunst und Kulinarik“ in Ihren Händen halten.

Was ist das Besondere an diesem Buchprojekt?

Über allem steht die Freundschaft, die die einzelnen Teile dieses Buches zusammenhält. Freunde, die sich spontan bereit erklärt haben, sich gemeinsam ehrenamtlich für eine gute Sache einzusetzen:

- der Künstler Rudolf Draheim, der eigens für dieses Buchprojekt 25 Bilder gemalt hat,
- 43 Kinder aus Südtirol/Italien, aus Österreich und Tunesien, die 70 poetische Texte zu den Bildern von Rudolf Draheim und zu den Werten Achtsamkeit, Dankbarkeit, Respekt, Zufriedenheit, Glück, Freundschaft, Harmonie und Zuversicht geschrieben haben,
- der weltbekannte Sänger Max Raabe, der acht Lieder beigesteuert hat, die zu den Wertebegriffen der einzelnen Buchkapitel passen,
- vier Meisterköche, Paul Ivić aus Wien, Josef Mühlmann aus Osttirol, Christof Hellweger aus Südtirol und Khemais Riabi aus Tunesien, die zusammen mit den Kindern acht vegetarisch-vegane Menüs kreiert haben,
- Hanspeter Sinner, ein hervorragender Koch und Vater von Jannik Sinner, einem Tennisspieler von Weltrang, der die Rezepte der Lieblingsgerichte seines Sohnes zur Verfügung stellt.

Monika Egger
Kinderhilfe Potsdam e. V.
Potsdam, im Oktober 2024

Die Kinderhilfe Potsdam
www.kihi-kinderhilfe.de

Grußwort

Sie alle haben dazu beigetragen, dass ein einzigartiges Kunstkochbuch zustande kommen konnte, das für einen guten Zweck, für das Projekt „KochKomplizen" des Vereins Kinderhilfe Potsdam, verkauft wird. Dadurch bekommen Kinder aus benachteiligten Familien nach dem Unterricht ein warmes Mittagessen.

Ich danke den Kindern sowie den Künstlern an der Staffelei, auf der Bühne und am Herd für ihre Bereitschaft, bei der Umsetzung dieses Buchprojekts mitzuwirken. Danke auch den vielen Menschen, die im Hintergrund mitgearbeitet haben und im Stillen mitgedacht, mitgestaltet und mitgekocht haben. Über allem steht die Freundschaft. Und sie heißt wohl so, weil man mit Freunden alles schafft. Freunde sind Menschen, die dir nicht den Weg zeigen, sondern ihn gemeinsam mit dir gehen.

Ich wünsche mir,

dass auch unser Kunstkochbuch viele Freunde findet,

dass durch das gemeinsame Lesen, Singen und Kochen vielleicht neue Freundschaften entstehen,

dass das Projekt „KochKomplizen" dazu beiträgt, dass junge Menschen gestärkt an Leib und Seele und voller Zuversicht in eine hoffnungsvolle Zukunft schauen können.

Kinder, Kunst und Kulinarik

Das Ganze leben

Ein Künstler, der sich seit vielen Jahren vegan ernährt, fünf Meisterköche mit einem Fingerspitzengefühl für Körper und Seele sowie feinfühlige, achtsame Gedanken und poetische Texte von Kindern aus Südtirol/Italien, Österreich und Tunesien, das sind die Zutaten für ein besonderes Kochbuch mit vegetarisch-veganen Gerichten ...

Kindheitserinnerungen prägen.

Rudolf Draheim ist ein umfassend gebildeter Mensch und ein vielseitiger Künstler aus Berlin. Trotz traumatischer Kindheitserlebnisse hat er nach seinem Schulabschluss eine Zimmermannslehre gemacht, Physik und Chemie, Religionswissenschaften, Germanistik und Theaterwissenschaften studiert, musikalische und künstlerische Projekte in Deutschland, in Südafrika und in China durchgeführt und sich schließlich mit 40 Jahren der Malerei zugewandt. Fast ebenso lange setzt er sich mit veganer Ernährung auseinander, mit bewusstem Essen, mit Nahrungsmitteln, die seinem Körper und seiner Seele guttun. Vegan zu leben, bedeutet für ihn nicht nur keine tierischen Produkte zu essen, vegan zu leben umfasst für ihn das ganze Leben, ist für ihn Haltung, achtsamer Umgang mit sich selbst, den Mitmenschen und allen Lebewesen.

Hermann Rogger
Schulverbund Pustertal, Projektleiter
Bruneck/Sexten, im Oktober 2024

Kindheitserinnerungen prägen.

Eines Tages steht er, ein betagter, aber rüstiger und stattlicher Mann mit schütterem grauem Haar, in aufrechter Haltung und doch zurückhaltend und sensibel, in gewisser Weise scheu und leicht angespannt vor 12-jährigen Kindern. Für dieses besondere Kochbuchprojekt hat sich Rudolf Draheim in sein Atelier in Niedersachsen zurückgezogen und in völliger Abgeschiedenheit und äußerster Konzentration 24 abstrakte Kunstwerke geschaffen, die die Kinder zu Gedanken und Kurztexten zu den Themen Achtsamkeit, Dankbarkeit, Respekt, Zufriedenheit, Glück, Freundschaft, Harmonie und Zuversicht inspirieren sollen. Sie hören ihm gebannt zu und lassen sich ein auf seine Anweisungen, wie sie sich seinen bunten abstrakten Bildern nähern können. Augen schließen, einatmen, ausatmen, Augen öffnen, dann die inneren Bilder in Worte fassen. Es gelingt. Es geht um das Leben, das ganze Leben, darum, das Ganze zu leben, in allen Lebenslagen mit den Mitmenschen und der Umwelt achtsam umzugehen.

Kindheitserinnerungen prägen.

Die Kinder beginnen sein intensives ganzheitliches Suchen und sein lebenslanges weltumfassendes Ringen, das er mit seinen Farbkompositionen zum Ausdruck bringen will, zu verstehen. Sie begreifen, warum es ihm so wichtig ist, das Ganze zu leben. Es hat auch mit seinen Kindheitserfahrungen im 2. Weltkrieg zu tun. Die ersten Lebensjahre verbringt er mit seinen Eltern und seinen Brüdern auf einem Gutshof im ehemaligen Westpreußen. Im Alter von vier Jahren wird seine Familie verhaftet und er kommt – getrennt von Eltern und Brüdern – in ein russisch-polnisches Kriegsgefangenenlager in Polen. Er darf nicht mehr Deutsch sprechen und lernt Polnisch, um zu überleben. Erst 1949, als er acht Jahre alt ist, wird die Familie durch das Rote Kreuz wieder zusammengeführt. Neben der fehlenden Zuwendung, die ein Kind in diesem Alter am meisten benötigt, leidet der kleine Rudolf auch Hunger. In einem Gefangenenlager wird keine Rücksicht genommen auf körperliche und seelische Bedürfnisse. Ist hier unbewusst der Wunsch aufgekeimt auf ein achtsames, bewusstes Leben?

Kindheitserinnerungen prägen.

In Wien treffe ich Paul Ivić, einen gebürtigen Tiroler mit kroatischen Wurzeln, einen der besten und erfolgreichsten vegetarischen Köche der Welt. Er ist neben Christof Hellweger, Josef Mühlmann, Khemais Riabi und Hanspeter Sinner einer der fünf Meisterköche dieses Buches. „Wir glauben an das Gute, und wir kämpfen für das Beste. Unsere Stärken sind Qualität, Kreativität und Handwerkskunst. Unsere Basis sind biologische, fair erzeugte Produkte. Respekt vor Natur, Mensch und Tier schreiben wir uns auf die Fahnen." Das ist die Philosophie seines vegetarisch-veganen Restaurants TIAN. Paul Ivić ist sehr beschäftigt und hört doch genau zu. Ich spüre, wie wichtig ihm Kinder sind. Wie wichtig ihm die Zeit ist, die er sich täglich für seine eigenen Kinder nimmt. Und trotz vieler Verpflichtungen, die sein intensiver Arbeitsalltag mit sich bringt, sind ihm die Menschen wichtig, will auch er in aller Achtsamkeit das Ganze leben, nimmt er sich die Zeit, zusammen mit Autorenkindern in Kitzbühel vegetarisch-vegane Gerichte zuzubereiten. Mit viel Gespür und Sensibilität führen auch die Meisterköche in Bruneck, Sillian und in Tunesien die Kinder, die in diesem Buch mit ihren Texten vertreten sind, in die vegetarisch-vegane Kochkunst ein.

Kindheitserinnerungen prägen.

Hanspeter Sinner, ein talentierter und erfahrener Koch aus Sexten, erzählt mir von seinem Sohn Jannik, der sich große Ziele gesetzt hat, der schon in jungen Jahren sein Elternhaus verließ, um seinen Träumen mit den Jahren ein Stück näher zu kommen, der es in nicht einmal zehn Jahren in seinem sportlichen Bereich bis an die Weltspitze geschafft hat. Er berichtet aber auch von großen Mühen und Entbehrungen vielschichtiger Art, die Eltern aus einfachen Verhältnissen auf sich nehmen müssen, um den Sohn bei der Entfaltung seiner Potenziale zu unterstützen. Der Weg nach oben ist mühsam und steinig und oft von Schwierigkeiten und Rückschlägen gepflastert. Und er erinnert sich an die eigene Kindheit in einfachen Verhältnissen, als „man nicht viel hatte". Umgeben von wirklichen Freunden und Wegbegleitern verliert man auch nach großen Erfolgen nicht die Bodenhaftung. Mit Achtsamkeit, Dankbarkeit, Respekt, Zufriedenheit, Zuversicht, Zielstrebigkeit und Bescheidenheit erreicht man große Ziele.

Kindheitserinnerungen prägen.

Dies trifft auch auf den weltbekannten Sänger und Chansonnier Max Raabe zu. Er wuchs auf einem Bauernhof in Westfalen/Deutschland auf, war ein fleißiger Messdiener, sang im Kirchenchor und war bei den Pfadfindern, studierte an der Hochschule für Künste in Berlin und verließ sie als staatlich geprüfter Opernsänger. Ein Weltstar, der unser Buchprojekt unterstützt, der uns einen Freundschaftsdienst erweist. „Ein Freund, ein guter Freund, das ist das Beste, was es gibt auf der Welt. Ein Freund bleibt immer Freund und wenn die ganze Welt zusammenfällt." Auch Max Raabe erzählt: „Herkunft prägt. Den Hof sollten mein Bruder und ich nie übernehmen, mein Vater musste ihn vorher seinem Bruder übergeben, weil mein Vater ihn wegen einer Kriegsverletzung nicht weiterführen konnte. Damit waren wir aus der Verantwortung. Aber natürlich bin ich trotzdem das glückliche Opfer einer bodenständigen Erziehung; ein Wort wie ‚Stolz' ist uns allen fremd. Wir Raabes sind strebsam, wir sind ernst: Mein Studium habe ich nur für meine Mutter beendet. Damit sie Ruhe hat. Weil ich jetzt etwas Handfestes in der Hand habe."

Kindheitserinnerungen prägen.

Zu einem erfüllten Leben gehört auch Hilfsbereitschaft. Der Künstler, die Meisterköche und die Autorenkinder möchten mit diesem Buch einen Beitrag leisten, Kindern in Potsdam, denen es aus verschiedenen Gründen nicht gut geht, zu helfen. Mit dem Reinerlös aus dem Verkauf des Buches unterstützen wir das Projekt „KochKomplizen" des Vereins „Kihi-Kinderhilfe" Potsdam. In vielen Familien verdrängen Fertigprodukte das gemeinsame Kocherlebnis. Unter der Anleitung eines Kochprofis lernen die Kinder in Potsdam die Grundlagen gesunder Ernährung und die Freude am Kochen und bekommen nach Unterrichtsende ein warmes, gesundes Mittagessen und ein neues Gemeinschaftsgefühl.

Damit schließt sich der Kreis.

Kinder, Kunst und Kulinarik. Die Kunst möchte die Kinder über die Kulinarik zu einer bewussteren Lebenshaltung führen, bewusst zu essen, bewusst zu leben im Hier und Jetzt, achtsam, dankbar, glücklich und zuversichtlich.

Vielleicht inspiriert unser Kunstkochbuch den einen oder die andere, verstärkt darauf zu achten, das Ganze zu leben. Kunst und Kulinarik umfassen das ganze Leben, der Erwachsenen wie auch der Kinder.

ACHTSAM

KEIT

Gedanken

Nichts sehen als eine Flusslandschaft.

Nichts fühlen als eine kühle Herbststimmung.

Nichts hören als das Rauschen des Wassers.

Zwischen zwei Herzschlägen glauben:

Bald ist Winter.

Soraya Strobl, Toblach (I)

Rudolf Draheim
Eat_Art, 2023
Öl auf Bütten
30 x 30 cm

L'attention

L'attention veut dire être sensible avec soi-même et avec les autres.

L'homme doit se concentrer sur sa tâche et son engagement pour élaborer un travail attentif.

L'attention est un principe qui nous permet de comprendre les atteintes et les besoins des autres.

Hanine Ben Farah, Nabeul (TUN)

Achtsamkeit

Achtsamkeit bedeutet, sensibel mit sich selbst und mit anderen umzugehen.

Der Mensch muss sich auf seine Aufgabe konzentrieren und sich engagieren, um seine Arbeit sorgfältig zu verrichten.

Achtsamkeit ist ein Prinzip, das es uns ermöglicht, die Erwartungen und Bedürfnisse anderer zu verstehen.

Hanine Ben Farah, Nabeul (TUN)

Rudolf Draheim
Eat_Art, 2023
Öl auf Bütten
30 x 30 cm

Ruhe

Augen schließen, in der Wiese liegen,
in den Träumen umherfliegen.
Alleine spazieren gehen,
einzigartige Vögel sehen.
Im Wald stehen und die Natur genießen,
zusehen wie die Blumen sprießen.
Im Liegestuhl ein Bild malen,
spüren wie Wärme und Sonne strahlen.
Alte Bilder betrachten aus der Truhe,
das ist Ruhe.

Lena Eppacher, Ahrntal (I)

Sonne

Sonne und Regen
Regen
Regen und Licht
Sonne und Regen und Licht
und ein wunderschöner Regenbogen

Linda Webhofer, Sillian (A)

Familie

Wer nie
das Zusammenarbeiten in einer Familie gesehen hat,
das Lachen der Kinder beim Kochen gehört hat,
den Duft eines Lieblingsgerichtes geschmeckt hat,
den Geruch einer Küche eingeatmet hat und
die Wärme in einer Familie gespürt hat,
der hat nie gelebt.

Teresa Walder, Sillian (A)

Nachhaltigkeit

noch da
bald aber weg
Lebensmittel gehen uns aus
Klimapolitik

Andreas Jöchl, Kitzbühel (A)

Nordlichter

Eine Strandlandschaft,
Tag und Nacht.
Orte, die glücklich machen.
Vielleicht reise ich einmal dorthin.
Gut, dass es mehr helle Farben gibt, die die dunklen vertreiben.
So sollte es auch auf der Welt sein

Julian Hanka, Kitzbühel (A)

Rudolf Draheim
Eat_Art, 2023
Öl auf Bütten
30 x 30 cm

Liebe

Liebe, die wie Feuer brennt,

Liebe, die wie Zucker auf der Zunge schmilzt,

Liebe, die wie Rosen riecht,

Liebe, die wie Lieblingsmusik klingt,

Liebe, die sich toll anfühlt,

lässt dich glücklich sein,

weil jemand für dich da ist

Lena Eppacher, Ahrntal (I)

Poème

Tu dis attention

Et déjà

Les gens semblaient sensibles

Tu dis attention

Et déjà

Nous sommes tous compatibles

Tu dis attention

Et déjà

Ton travail se fait avec détresse

Tu dis attention

Et déjà

Tu reçois les résultats avec largesse

Sélim Ben Zaied, Nabeul (TUN)

Gedicht

Du sagst, sei achtsam
Und schon
Scheinen die Menschen empfindsamer zu sein
Du sagst, sei achtsam
Und schon
Verstehen sich alle besser
Du sagst, sei achtsam
Und schon
geht deine Arbeit leichter von der Hand
Du sagst, sei achtsam
Und schon
wirst du reich belohnt

Sélim Ben Zaied, Nabeul (TUN)

Max Raabe:
Ich sing am liebsten,
wenn der Mond scheint
(Hagemann, Raabe)

Romanasalat mit Misodressing und Rapsölmayonnaise

Paul Ivić und Kinder der
Mittelschule Kitzbühel/Österreich

Zutaten
für 4 Personen

8 Romanasalatköpfe
50 ml Sonnenblumenöl
20 ml Weißweinessig
20 g Salz
20 g Zucker
2 EL Rapssamen

Rapsölmayonnaise

1 Ei
5 g Senf
1 Zitrone
200 ml Sonnenblumenöl
100 ml kaltgepresstes Rapsöl
Salz

Zubereitung

Für die Rapsölmayonnaise das Ei, Senf, Zitronensaft und -zeste in einen hohen Behälter geben. Mit einem Pürierstab zu mixen beginnen, dann die beiden Öle (Sonnenblumen- und Rapsöl) während des Mixvorgangs langsam in dünnem Strahl hinzufügen, bis sich die Masse zu einer sämigen Mayonnaise verbindet. Mit etwas Salz abschmecken und in einen Dressiersack füllen.

Die Romanasalatköpfe waschen, die äußeren Blätter entfernen und 3 Köpfe klein schneiden.

Für das Dressing den geschnittenen Romanasalat mit Salz, Zucker und Weißweinessig für 30 Minuten marinieren lassen. Danach mit einem Pürierstab mixen und passieren. Anschließend mit 100 ml Salatsaft und 50 ml Sonnenblumenöl montieren. Mit ca. 1–2 EL Miso (am besten mit Salatmiso) abschmecken.

Währenddessen 2 EL Rapssamen vorsichtig rösten, da die Rapssamen sehr leicht verbrennen.

Den restlichen Romanasalat ebenfalls waschen, die äußeren Blätter entfernen und halbieren. Die halbierten Salatköpfe mit der Schnittfläche nach oben auf einen Teller legen. Die gerösteten Rapssamen unter das Dressing mischen und mit einem Löffel über dem Salat verteilen. Zum Schluss mit der Rapsölmayonnaise garnieren.

Ravioli mit Champignons und Pinienkernpetersilienbutter

Paul Ivić und Kinder der
Mittelschule Kitzbühel/Österreich

Zubereitung

Für den Ravioliteig das Mehl in eine Rührschüssel geben und langsam mit dem Dotter und dem Ei verrühren (evtl. Küchenmaschine). Den Teig kurz verkneten und abgedeckt eine Stunde im Kühlschrank ruhen lassen.

Für die Füllung die Hälfte der Champignons grob schneiden und in einer Pfanne anbraten. Warten, bis das ausgetretene Wasser vollständig verdunstet ist, und weiter anbraten, um Röstaromen zu entwickeln. Die angebratenen Champignons anschließend in einen hohen Behälter geben und mit einem Pürierstab zu einem Püree verarbeiten. Mit etwas Salz und Essig abschmecken.

Den anderen Teil der Champignons in ca. 5 mm große Würfel schneiden und in einer Pfanne anbraten und leicht salzen.

Wenn die Pilzwürfel nach ca. 5–10 Minuten Farbe bekommen haben, diese in eine Schüssel geben.

Sonnenblumenkerne in einer Pfanne anrösten, grob hacken und mit den Champignonwürfeln vermengen. Diese Masse mit dem Püree binden und mit Salz sowie Zitronensaft und -zeste abschmecken. ▷

Zutaten
für 4 Personen

500 g doppelgriffiges Mehl
350 g Eigelb
1 Ei

Füllung

1 kg Champignons
1 EL Sonnenblumenkerne
1 Schuss Fruchtessig (z. B. Pflaumen oder Apfel-Balsam-Essig)
3 EL Butter
2 EL Pinienkerne
Frische Petersilie

Zunächst nicht das gesamte Püree zu den Pilzwürfeln geben, damit die Füllung nicht zu flüssig wird.

Den Ravioliteig anschließend mithilfe einer Nudelmaschine dünn ausrollen. Etwa 1 EL Füllung auf den Teig geben und zuklappen. Dabei darauf achten, dass die Ravioli gut verschlossen sind und keine Luft enthalten ist. In der gewünschten Form ausstechen und auf ein gut bemehltes Blech legen.

Einen großen Topf mit Wasser zum Kochen bringen und gut salzen. Ravioli hineingeben und ca. 2 Minuten weich garen.

Parallel in einer Pfanne Pinienkerne anrösten. Dann von der Hitze nehmen und 2–3 EL Butter hinzufügen und schmelzen lassen.

Die fertig gekochten Ravioli in die Butter-Pinienkern-Pfanne geben und etwas Nudelwasser (ca. 50–100 ml) hinzufügen. Mit frisch geschnittener Petersilie einmal durchschwenken und anschließend anrichten.

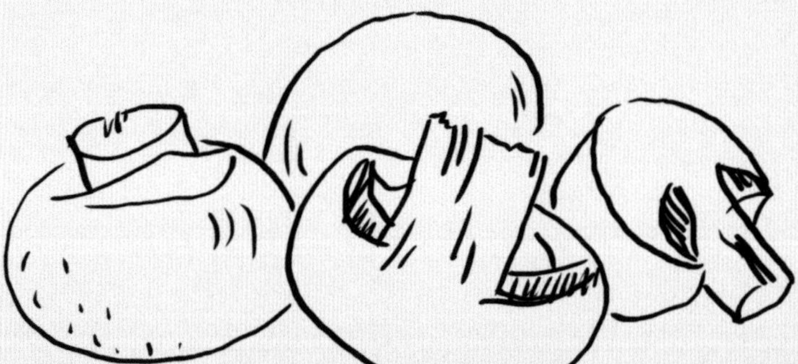

Grießschmarrn

Paul Ivić und Kinder der
Mittelschule Kitzbühel/Österreich

Zubereitung

Die Milch, etwas Salz, 30 g Kristallzucker, das Vanillemark und die halbe Vanilleschote in einem Topf zum Kochen bringen. Die Vanilleschote entfernen und den Weizengrieß unter kräftigem Rühren einstreuen. Die Mischung von der Hitze nehmen und vollständig abkühlen lassen.

In einer Pfanne 2 TL Butter schmelzen und die kalte Grießmasse hinzufügen. Mit zwei Löffeln in die Stücke reißen. Dann die restlichen 50 g Kristallzucker hinzugeben und etwas karamellisieren lassen.

Auf einem Teller anrichten und mit Staubzucker garnieren.

Mit Beerensuppe servieren.

Zutaten
für 4 Personen

350 g Weizengrieß
600 ml Milch
80 g Kristallzucker
½ Vanilleschote
2 TL Butter
Etwas Staubzucker
Etwas Salz

DANKBARKEIT

Lila

Flieder, Gänseblümchen
blühen im Garten
meine Oma mag Blumen
Lieblingsmensch

Amy Kaindl, Kitzbühel (A)

Bunt ist dieses Bild, voller Farben – rot.
Und blau, gelb und grün. Kannst du all die Farben sehen?
Nein? Dann schau genauer hin.
Traumhaftes kannst du entdecken.

Ambra Okoro, Bruneck (I)

Rot

feurige Sonne
sie geht auf
mir wird so „herzwarm“
Dankbarkeit

Hanna Bodner, Sillian (A)

Rudolf Draheim
Eat_Art, 2023
Öl auf Bütten
30 x 30 cm

La gratitude

La gratitude est une fleur rare
Qui nous apprend à dire merci à l'art
La gratitude nous apprend la reconnaissance
Pour éviter toutes les différences

ce principe dit merci:
Pour le soleil et même la pluie
Pour la paix qui vient après les soucis

Merci, doux destin pour ces instants précieux
Les rires partagés, les étreintes et le ciel
Chaque sourire reçu, chaque épreuve surmontée

Dans le jardin du cœur on plante la gratitude
Au fil des temps, la gratitude persiste

Comme une rivière tranquille, elle résiste
Rendons hommage à la vie, à ce miracle constant
Dans l'écho du merci resonne un éternel présent

Yassmine Rassil, Nabeul (TUN)

Dankbarkeit

Dankbarkeit ist eine seltene Blume,
die uns lehrt, in der Kunst Danke zu sagen.
Dankbarkeit zeigt uns Wertschätzung,
um alle Verschiedenheiten anzunehmen.

Dieser Grundsatz lässt uns Danke sagen:
für die Sonne und sogar den Regen,
für den Frieden, der nach den Sorgen kommt.

Danke, süßes Schicksal, für die kostbaren Augenblicke,
das gemeinsame Lachen, die Umarmungen und den Himmel,
jedes Lächeln, das ich bekam, jede Herausforderung, die ich
gemeistert habe!

Im Garten des Herzens wird die Dankbarkeit gepflanzt.
Mit der Zeit bleibt die Dankbarkeit bestehen.

Wie ein ruhiger Fluss hält sie stand.
Huldigen wir dem Leben, diesem beständigen Wunder.
Im Echo des Dankes vibriert eine ewige Gegenwart.

Yassmine Rassil, Nabeul (TUN)

Rudolf Draheim
Eat_Art, 2023
Öl auf Bütten
30 x 30 cm

Kitzbühel

alles friedlich

keine dunklen Flecken

wir können ruhig leben

Dankbarkeit

Julian Hanka, Kitzbühel (A)

Gedanken

Nichts sehen als die ewige Eiswüste vor meinen Augen.

Nichts fühlen als die Kälte, die mich umringt.

Nichts spüren als die Angst, die mich anspringt.

Nichts denken als dass ich für immer verloren bin.

Für einen Augenblick hoffen, dass Rettung naht.

Klara Hell, Toblach (I)

Dankbar bin ich …

Wenn nach der Angst sich Mut einstellt
und das Licht die Dunkelheit erhellt
wenn nach dem Schnee die Blumen sprießen
und wir nach dem Regen die Sonne genießen
wenn nach dem Hass sich die Liebe vermehrt
und nach dem Misstrauen das Vertrauen einkehrt
dann spür' ich das, was jeder kennt
dann spür' ich das, was sich Freundschaft nennt.

Myriam Mairhofer, Ahrntal (I)

Was ist Frieden?

In den Wiesen liegen,
mit Freunden und Familien spielen,
eingehüllt in einer kuscheligen Decke liegen,
im Wissen, dass keine Länder kriegen.

Wie Superman um die Ecke kreisen,
um in die Vergangenheit zu reisen,
um alle Konflikte zu zerstören,
und nur noch Gutes in den Medien zu hören.
Friede ist, dass das Böse zerbricht
und das Gute kommt ans Licht.

Sebastian Pircher, Innichen (I)

Rechts

oben rechts
mittig ein Durcheinander
nach links nach rechts
Ordnung

Leo Baldassi, Kitzbühel (A)

Rudolf Draheim
Eat_Art, 2023
Öl auf Bütten
30 x 30 cm

Max Raabe:

Irgendwo auf
der Welt

(Robert Gilbert,
W.R. Heymann)

Karfioltatar/Radicchio VEGAN

Josef Mühlmann und Jugendliche der
Polytechnischen Schule Sillian/Österreich

Zubereitung

Den Karfiol im Ofen bei 150 °C Umluft mit etwas Zitronenöl weich garen (ca. 20 Minuten).

Den Radicchio Tardivo in vier Teile längs schneiden und auf einem separaten Blech bei gleicher Hitze auch garen.

Die Haselnüsse auf einem Blech bei 150 °C goldbraun rösten.

Den Karfiol noch im warmen Zustand zu Tatar hacken und mit dem Zitronenöl, Salz, Pfeffer, Schale von der Zitrone und dem Zitronensaft abschmecken.

Die „Raditschen" waschen und sauber putzen. Sie werden mit dem Zitronenöl mariniert.

Das Tatar in einem runden Ausstecher in Form bringen und mit den gebrannten Haselnüssen anrichten.

Zutaten
für 4 Personen

1 Stück Karfiol
5 El Zitronenöl
1 Stück Bio Zitrone
Salz
Pfeffer
1 Kaffeetasse Haselnüsse im Ganzen
2 Stück Radicchio Tardivo oder „Raditschen" (junger Löwenzahn, der noch im Milchsaft steht)

Risotto aus Pustertaler Gerste mit Bärlauchpesto VEGAN

Josef Mühlmann und Jugendliche der Polytechnischen Schule Sillian/Österreich

Zubereitung

Die Gerste in Salzwasser weich kochen.

Für das Pesto alle Zutaten mixen.

Gemüsereste zur Suppe aufkochen.

Mit dem Gemüsetee und dem Pesto wieder warm machen und auf eine cremige Konsistenz bringen.

Erdäpfelschalen in Maisstärke wälzen und in heißem Öl frittieren.

Das Risotto anrichten und mit dem Espuma garnieren. Erdäpfelknusper darüber streuen.

Erdäpfelespuma

Haferdrink, Erdäpfel, Pflanzenöl, Salz gut mixen und aufschäumen.

Zutaten
für 4 Personen

400 g kleine Gerste aus dem Pustertal (keine Rollgerste)

Gemüsetee

Gemüsereste
700 ml Wasser

Bärlauchpesto

100 g frischer Bärlauch
25 g Pinienkerne
Salz
Olivenöl

Erdäpfel Knusper

Erdäpfelschalen
Maisstärke

Erdäpfelespuma

500 ml Haferdrink
2 gekochte Erdäpfel
Pflanzenöl
Pfeffer
Salz

Geschmorter Gala Royal auf Broterde VEGAN

Josef Mühlmann und Jugendliche der
Polytechnischen Schule Sillian/Österreich

Zubereitung

Die Äpfel entkernen und mit den Bröseln den Boden stopfen.

Die Zitronenschale in den Apfel stecken und mit etwas Zitronenöl beträufeln.

Bei 175 °C Umluft backen.

Die Broterde-Zutaten in den Hochleistungsmixer geben und kurz, aber stark mixen.

Danach auf den Teller streuen und den warmen Apfel in die Mitte stellen.

Mit gepufftem Roggen garnieren.

Zutaten
für 4 Personen

4 Stück Gala Royaläpfel
3 EL Brösel
1 Bio-Zitrone
Gepuffter Roggen (im Fachhandel erhältlich)

Broterde

200 g dunkle Schokolade
200 g veganes Brot getrocknet
30 g Staubzucker
5 EL Olivenöl

RES

EKT

Vigilance

Pour que notre planète soit vivable,

Il faut que l'air soit respirable

Battons-nous pour l'écologie!

Choisissons-nous l'énergie propre!

Il ne faut pas jeter les ordures et protéger la nature

Éviter de polluer!

Savez-vous que vous puissiez trier!

Hanine ben Farah, Nabeul (TUN)

Wachsamkeit

Damit unser Planet lebenswert bleibt,

muss die Luft rein sein.

Lasst uns für die Ökologie kämpfen!

Lasst uns saubere Energie wählen!

Werft keinen Müll weg und schützt damit die Natur!

Vermeidet Umweltverschmutzung!

Wisst ihr, dass ihr Müll trennen könnt?

Hanine ben Farah, Nabeul (TUN)

Wie – Wo – Wann – Warum?

Warum gibt es Krieg?
Wie findet man den Frieden?
Wann endet das alles?
Warum gibt es für viele nicht genug zu essen?
Wie können alle Freunde werden?
Wann werden alle wieder glücklich?
Warum werden Menschen missbraucht?
Wieso haben Leute keinen Respekt voreinander?
Wann findet jeder ein Zuhause?

Samantha Plitzner, Toblach (I)

Rudolf Draheim
Eat_Art, 2023
Öl auf Bütten
30 x 30 cm

Wald der Katzen

Die Katze läuft.

Die Katze schreit.

Der Kampf beginnt.

Der Donnerclan siegt.

Nina Mairl, Sand in Taufers (I)

Schwarz

Die Trauer

Über der Erde

Ruhe braucht sie und –

Respekt

Alina Geiler, Sillian (A)

Rudolf Draheim
Eat_Art, 2023
Öl auf Bütten
30 x 30 cm

Le respect

La durabilité, c'est le respect, la responsabilité et l'engagement à l'envers de l'environnement

Dans le but de respecter la nature, on devrait opter pour des produits écologiques et recyclables.

Ce principe nous invite à changer notre comportement à l'envers l'environnement.

Fares Yahyaoui, Nabeul (TUN)

Respekt

Nachhaltigkeit bedeutet, die Umwelt mit Verantwortung und Engagement zu respektieren.

Mit dem Ziel, die Natur zu respektieren, sollte man sich für umweltfreundliche und recycelbare Produkte entscheiden.

Dieses Prinzip fordert uns auf, unser Verhalten gegenüber der Umwelt zu ändern.

Fares Yahyaoui, Nabeul (TUN)

Respektvoll

Respekt vor wertvollem Essen.

Alles ist irgendwie im Fluss.

Es ist eine Art Weg.

Der Weg, den vielleicht Lebensmittel gehen?

Martin Brandstätter, Kitzbühel (A)

Träume

Ich träumte von Erfolg.

Und bekam missbilligende Blicke.

Ich träumte von Akzeptanz.

Und spürte Widerstand.

Ich träumte von Veränderung.

Und erlebte Stillstand.

Samira Forer, Sand in Taufers (I)

Rudolf Draheim
Eat_Art, 2023
Öl auf Bütten
30 x 30 cm

Wörter tauschen

Schenk mir deine Wörter
ich gebe dir meine dafür:
Freude für happyness
Erholung für wellness
fun für Spaß
und glass für Glas
family für Familie
lily für Lilie
Hoffnung für hope
und Seil für rope
Freunde für friends
tanzen für dance
my goodness für deine Güte
spring blossom für Frühlingsblüte
mein of course für dein ja klar
mein year für dein Jahr
lass uns die Wörter
tauschen, bis einer
den anderen kennt
und kein Wort uns
mehr trennt.

Klara Hell und Theresa Steinwandter, Toblach (I)

Respekt

Respekt und Vertrauen

Vertrauen

Vertrauen und Zusammenhalt

Respekt

Respekt und Zusammenhalt

Respekt und Vertrauen und Zusammenhalt

und die Gemeinschaft

Hannah Kühebacher, Innichen (I)

Max Raabe:

Willst du mir nicht

ans Herz geh'n

(Plate, Sommer, Raabe)

Salat Houria VEGAN

Khemais Riabi und Kinder des
Ideale Lycée Secondaire Privé Nabeul, Tunesien

Zubereitung

Die Karotten in Salzwasser kochen, gut abtropfen lassen und dann in einen Mixer geben.

Harissa Arbi, Petersilie, gehackten Knoblauch und entsalzte Kapern, Olivenöl und Essig hinzufügen.

Den Salat mit Salz, Pfeffer, Kümmel und Koriander würzen.

In einer Salatschüssel oder auf einem Teller auf einem Salatblatt anrichten.

Mit den gegrillten Oliven garnieren.

Fladenbrot dazu reichen.

Für das Fladenbrot alles gut miteinander vermischen, Olivenöl und Wasser dazu geben und 10 Minuten kneten.

1 ½ Stunden gehen lassen.

Ofen vorheizen.

Das Fladenbrot mit 2 EL Soja Cuisine oder Hafer Cousine bepinseln und mit Schwarzkümmel oder Sesam bestreuen.

18–20 Minuten bei 220 °C Ober-/Unterhitze backen.

Zutaten
für 4 Personen

1 kg Karotten
80 g Petersilie
2 Knoblauchzehen
1 EL Kapern
3 g Harissa arbi
(Cayenne-Pfeffer-Konzentrat)
½ TL Kümmel
½ TL Koriander
½ TL Pfeffer
Olivenöl
Knoblauchessig
1 Kopfsalat
Gegrillte Oliven

Fladenbrot

450 g Dinkelmehl (Type 630)
12 g Salz
5 g Zucker
1 Päckchen Trockenhefe
15 g Olivenöl
275 g Wasser

Couscous mit Gemüse VEGAN

Khemais Riabi und Kinder des
Ideale Lycée Secondaire Privé Nabeul, Tunesien

Zubereitung

Gemüse waschen und in Viertel schneiden.

Couscous je nach Packungsanleitung mit heißem Wasser übergießen und quellen lassen.

Den Couscous auflockern.

Olivenöl, lauwarmes Wasser, einige Nelken, Zimt, Pfefferkörner und etwas feines Salz hinzufügen.

In einem hohen Topf das Öl erhitzen, die Paprika anbraten und warm halten, die Zwiebeln dazugeben, alles umrühren, mit Salz, Pfeffer, Paprika, Curcumin, Kümmel und Koriander würzen.

Tomatenmark zugeben, mit Wasser auffüllen, aufkochen und abschmecken.

Die geviertelten Kartoffeln zugeben und 20 Minuten köcheln lassen.

Das restliche Gemüse zufügen und 5–10 Minuten fertig garen.

Die Kichererbsen hinzufügen.

In einem tiefen Teller oder Tepsi Couscous verteilen, Gemüsesud darübergießen, gut verrühren und mit Gemüse garnieren.

Zutaten
für 4 Personen

400 g Kartoffeln
240 g Karotten
160 g Kürbis
200 g Paprikaschote
2 Zwiebeln
240 g Grünkohl
120 g Couscous
80 g Kichererbsen aus dem Glas
2 EL Tomatenmark
5 EL Olivenöl
500 ml Wasser
2 Gewürznelken
1 TL von:
Zimt
Feines Salz
Schwarzer Pfeffer
Kümmel
Koriander
Kreuzkümmel (Curcumin)
Paprika

Obstspieße der Saison VEGAN

Khemais Riabi und Kinder des
Ideale Lycée Secondaire Privé Nabeul, Tunesien

Zubereitung

Obst waschen, gegebenfalls schälen und in Stücke schneiden.

In einer Schüssel mit Zitronensaft vermengen und kurz ziehen lassen.

Vorbereitetes Obst nacheinander auf die Spieße stecken und auf der Schale der ausgeschabten Wassermelone servieren.

Zutaten
für 4 Personen

Je 100 g frisches Obst der Saison: z. B.
Erdbeeren
Weintrauben
Pfirsich
Kiwi
Äpfel
Melone
Passionsfrucht
Ananas
Zitronensaft
½ Wassermelone
Holzspieße

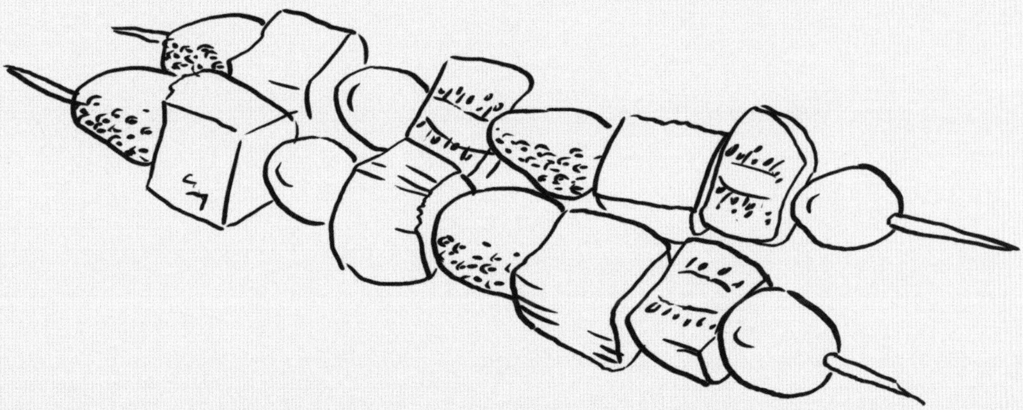

ZU**FRIE**

DENHEIT

Wer nie

lachende Kinder gesehen hat,
sein eigenes Kichern gehört hat,
leckere Schokolade auf der Zunge geschmeckt hat,
die herrliche Bergluft eingeatmet hat und
Freude und Zufriedenheit gespürt hat,
der hat nie gelebt.

Anna Klocker, Innichen (I)

Rot

Feurige Sonne

Sie geht auf

Mir wird ganz herzwarm

Sonnenaufgang

Hanna Bodner, Sillian (A)

Blumenwiese

Wenn der Winter sich verabschiedet,

der Boden langsam taut

und die Farbenpracht erblüht,

dann wird alles gut.

Theresa Steinwandter, Toblach (I)

La satisfaction

Cette série de tableau me fait penser au bonheur car la combinaison de couleurs vert, jaune et orange dans ces tableaux me rappelle la belle nature. Les fleurs et les oiseaux chantant représentent une source de joie et de félicité. Quant à moi, la joie c'est quand je contemple ces beaux paysages: le ciel bleu et le soleil qui scintille.
Le bonheur se base essentiellement sur ces éléments naturels qui sont en harmonie.

Ainsi, le bonheur c'est ce sentiment qu'on peut ressentir dans les détails simples dans la vie.

Loujain Messaadi, Nabeul (TUN)

Zufriedenheit

Die Farben Grün, Gelb und Orange in
diesen Bildern erinnern mich an die schöne Natur.
Blumen und Vogelgezwitscher sind eine
Quelle der Freude und der Zufriedenheit.
Was mich betrifft, so bin ich glücklich, wenn
ich diese schönen Landschaften betrachte:
den blauen Himmel und die strahlende
Sonne.

Zufriedenheit beruht im Wesentlichen auf
diesen natürlichen Elementen, die in
Harmonie miteinander sind.

Zufriedenheit ist das Gefühl, das man in den
kleinen Dingen finden kann.

Loujain Messaadi, Nabeul (TUN)

Alles wird gut

Wenn nach einem Ärger die Freude kommt
und nach dem Gewitter die Sonne herauskommt
wenn nach dem Winter die Blumen wieder wachsen
und sie sogar schöner blühen
wenn nach einem Schneesturm der Schnee glänzt
und nach dem Winter der Frühling tanzt
dann weiß ich, dass nach etwas Negativem immer etwas Positives kommt,
dann weiß ich, dass es nicht nur schwere Momente gibt.

Diana Campo Dall'Orto, Toblach (I)

Rudolf Draheim
Eat_Art, 2023
Öl auf Bütten
30 x 30 cm

Rudolf Draheim
Eat_Art, 2023
Öl auf Bütten
30 x 30 cm

Max Raabe:

Der perfekte

Moment

(Plate, Sommer, Raabe)

Das Wunder

Sanft schlagen die Flügel des majestätischen Papageis im Wind.
Es ist, als würde alles Schlechte dieser Welt nicht existieren.
Ich bin glücklich.
Sanft schlagen die Flügel des majestätischen Papageis im Wind.
Ich fühle mich, als ob ich in eine Kuscheldecke eingemummelt wäre.
Doch irgendwann wird dieser wunderschöne Vogel uns verlassen.
Sanft schlagen die Flügel des majestätischen Papageis im Wind.
Es ist, als würde alles Schlechte dieser Welt nicht existieren.

Lena Eppacher, Ahrntal (I)

Dämmerung

Wenn der Tag erlischt,
die Nacht anbricht
und der Mond erscheint,
dann riecht es nach daheim.

Samira Forer, Sand in Taufers (I)

Rudolf Draheim
Eat_Art, 2023
Öl auf Bütten
30 x 30 cm

Auszeit

Menschen sind unzufrieden.

Ihnen würde eine Auszeit guttun.

Vielleicht auf einer schönen Almwiese

mit blauen, gelben und roten Blumen.

Sie würden Bergluft atmen und sich an schöne Dinge erinnern.

Sie wären zufrieden.

Andreas Jöchl, Kitzbühel (A)

Rohnen-Süßkartoffelsuppe mit gerösteten Nüssen VEGAN

Christof Hellweger und Kinder/Jugendliche des Schulverbundes Pustertal/Südtirol
Rezept von 2-Haubenköchin Andrea Grossmann (Hotel Balance in Pörtschach am Wörthersee)

Zubereitung

Schalotten oder Zwiebel schälen, fein hacken und in einem großen Topf mit Olivenöl anschwitzen.

Rote Rüben und Süßkartoffeln schälen, in grobe Stücke schneiden und zu den Schalotten geben.

Einen Schuss Orangensaft dazugeben, mit Sojasahne und Gemüsebrühe aufgießen, salzen und pfeffern und 15–20 Minuten bei mittlerer Hitze köcheln lassen.

Ingwer schälen, grob würfeln und mit dem Chili (ohne Kerne) in die Suppe geben.

Weitere 10 Minuten bei wenig Hitze köcheln, dann im Mixer feinstens aufmixen und durch ein feines Sieb streichen.

Hafersahne unterrühren und evtl. mit Salz und Pfeffer abschmecken.

Für die Einlage Süßkartoffeln schälen und in feine Streifen schneiden.

Kurz in einer heißen Pfanne mit Olivenöl schwenken, salzen und in der Suppe servieren.

Zutaten
für 4 Personen

3 Schalotten oder 1 Zwiebel
2 EL Olivenöl
300 g rote Rüben
200 g Süßkartoffeln
50 cl Orangensaft
200 ml Sojasahne
1 l Gemüsebrühe
Salz
Pfeffer
5 g Ingwerwurzel
1 Stück Chili ohne Samen
1/8 l Hafersahne

Einlage

80 g Süßkartoffeln
2 EL Olivenöl
Salz

Fastenknödel mit Kräutern auf Pilzsauce VEGAN

Christof Hellweger und Kinder/Jugendliche des Schulverbundes Pustertal/Südtirol

Zubereitung

Kichererbsenmehl mit 5 EL Wasser verrühren und 10 Minuten quellen lassen.

Rote Zwiebeln in feine Würfel schneiden und in Olivenöl weich dünsten.

Knödelbrot mit Weizenmehl und den klein gehackten Kräutern vermengen.

Sojadrink mit Salz erwärmen, gedünstete Zwiebelwürfel, angerührtes Kichererbsenmehl einrühren und gut vermengen.

Mit schwarzem Pfeffer und Muskatnuss würzen.

Masse mit einem Kochlöffel unter das Knödelbrot mischen, evtl. etwas Sojadrink dazugeben.

Aus der Knödelmasse 8–10 Knödel rollen und in Salzwasser 8–12 Minuten simmern (köcheln).

Kurz abtropfen und mit Pilzsauce servieren.

Dazu passt ein knackiger Vogel-Kartoffel-Salat.

Zutaten
für 4 Personen

250 g Knödelbrot
½ TL Salz
250 ml Sojadrink
5 EL Wasser
1 EL Weizenmehl
40 g rote Zwiebeln
1 EL Olivenöl
1 EL Petersilie fein gehackt
1 EL Kerbel gehackt
1 EL Selleriegrün gehackt
1 TL Oregano gehackt
½ TL Salbei gehackt
Muskatnuss gerieben
Schwarzer Pfeffer

Wuchteln mit Aprikosenmarmelade gefüllt VEGAN

Christof Hellweger und Kinder/Jugendliche des Schulverbundes Pustertal/Südtirol

Zubereitung

Pflanzendrink auf kleiner Stufe erhitzen, Margarine in Stücken hinzufügen und einrühren.

Auf etwa 30 °C abkühlen lassen (lauwarm).

Hefe in das Gemisch hineinbröckeln und langsam auflösen.

Mehl in Rührschüssel geben, Zucker und Salz hinzufügen und gut durchmischen.

Vanilleschote anritzen, das Mark vorsichtig herauskratzen und zum Mehl-Zuckergemisch geben.

Bio-Zitrone heiß waschen, Zesten abziehen und 1 TL davon zum Mehl-Zucker-Gemisch geben.

Hefedrink dazugeben und alle Zutaten mit dem Knethaken zu einem kompakten Teig verkneten.

Schüssel mit Geschirrtuch abdecken und an einem warmen Ort gehen lassen, bis sich das Volumen verdoppelt hat.

Hefeteig auf bemehlte Arbeitsplatte geben, nochmals gut durchkneten, mit einem Rollholz auf 1 cm Dicke austreiben.

▷

Zutaten
für 4 Personen

275 g Sojadrink
100 g vegane Margarine
42 g frische Hefe oder Trockenhefe
500 g Dinkelmehl
100 g Vollrohrzucker
5 g Salz
1 Vanille
¼ TL Kurkuma
1 EL Schale von Bio-Zitrone

Füllung

300 g Aprikosenmarmelade

Zum Bestreichen

2 EL Zucker mit 5 EL Sojadrink mischen

Mit einem Ausstecher (6 cm Durchmesser) Kreise ausstechen, mit Marmelade füllen und gut verschließen.

Mit Verschlussstelle nach unten in die mit veganer Butter gefettete Auflaufform setzen.

Abdecken, nochmals gehen lassen, bis sich der Teig verdoppelt hat.

Im vorgeheizten Backrohr bei 180 °C ca. 30 Minuten backen.

Nach 20 Minuten mit dem gezuckerten Sojadrink bestreichen und weiterbacken.

Aus dem Ofen nehmen und in der Form abkühlen lassen.

Vorsichtig herausnehmen, portionieren und mit Marillenröster und Marillenmark servieren.

GLÜCK GLÜCK GLÜCK
GLÜCK GLÜCK
GLÜCK GLÜCK
GLÜCK GLÜCK GLÜCK
GLÜCK GLÜCK GLÜCK
GLÜCK GLÜCK
GLÜCK GLÜCK
GLÜCK GLÜCK GLÜCK
GLÜCK GLÜCK GLÜCK
GLÜCK GLÜCK
GLÜCK GLÜCK
GLÜCK GLÜCK GLÜCK

Rot

im Bild

gefällt mir gut

Tornado tobt auf Leinwand

Draheim

Veit Senfter, Sillian (A)

Farbenfroh

Voller Freude

Betrachten der Bilder

Ich wähle eines aus

Glück

Ambra Okoro, Bruneck (I)

Rot

Rot und eine Tomate

Tomate

Tomate und Hunger

Rot und eine Tomate und Hunger

und kein Salat

Benjamin Mühlmann, Sillian (A)

Le bonheur

Le bonheur est une joie à l'intérieure
On la ressent quand on se bat avec le
malheur
Vivre dans un environnement paisible et
équilibré,
nous permet de faire grandir le monde
entier

Med Aziz Guebsi, Nabeul (TUN)

Glück

Glück ist eine innere Freude.
Du spürst sie, wenn du mit dem Unglück
kämpfst.
In einer friedlichen und ausgeglichenen
Umgebung zu leben,
ermöglicht uns, die ganze Welt wachsen zu
lassen.

Mod Aziz Guobsi, Naboul (TUN)

Was ist Liebe?

Tag und Nacht nur von jemandem träumen,
in der Schule den Tisch abgelenkt aufräumen.
Bei der Pause nur von ihm reden,
und dabei noch ganz verlegen.
Ihn die ganze Zeit anstarren,
ihn gernhaben wie einen Goldbarren.
Du könntest einen See weinen,
wenn er dir einen Blick zuwirft – irgendeinen.
Einen Fluss aus Schweiß schwitzen,
wenn er dich bittet neben ihm zu sitzen.
Wenn er zu dir kommt in die Stadt
und dir erklärt, dass er dich auch gernhat.
Dann fliegen die Schmetterlinge im Bauch herum
und du meinst, du fällst gleich um.
Mit ihm um die Welt gehen und zurück –
das ist Liebe und wahres Glück.

Nina Mairl, Sand in Taufers (I)

Rudolf Draheim
Eat_Art, 2023
Öl auf Bütten
30 x 30 cm

Rudolf Draheim
Eat_Art, 2023
Öl auf Bütten
30 x 30 cm

Pures Glück

Wir saßen am See, machten Stockbrot und Grillgemüse,

schauten in den Himmel und genossen die Sommersonne.

Wir spazierten um das Wasser, sammelten Steine und genossen das warme Wasser.

Schmetterlinge und Vögel flogen herum.

Es war einfach pures Glück, dass wir dort waren.

Ronja Rass, Kitzbühel (A)

Rudolf Draheim
Eat_Art, 2023
Öl auf Bütten
30 x 30 cm

Liebe

Liebe sieht aus wie ein Sonnenaufgang am Meer

Liebe schmeckt nach Freiheit

Liebe riecht nach Vanillecupcakes

Liebe klingt wie kleine Glöckchen

Liebe fühlt sich an wie Schmetterlinge im Bauch

Liebe ist rot

Sie riecht nach Frühlingswiese

Liebe sieht aus wie ein Sonnenuntergang am Meer

Der Klang der Hochzeitsglocken

Liebe ist ein herrliches Gefühl

Hannah Kühebacher, Innichen (I)

Vorfreude

und wenn alles perfekt ist, hab' ich auch Glück.

Ich habe zu essen und zu trinken.

Ich Glückliche –

nicht alle Menschen haben das.

Emma Grassmann, Kitzbühel (A)

Welch ein Glück!

Einen Ausflug mit der Familie machen,
zusammen mit Freunden lachen.
Mit der süßen Katze kuscheln,
im Unterricht gemeinsam tuscheln.
Im Winter im warmen Bett liegen,
bei der Schneeballschlacht siegen.
Miteinander einen Film aussuchen,
den Sommerurlaub buchen,
um die Welt gehen und zurück –
das ist Glück.

Myriam Mairhofer, Ahrntal (I)

Max Raabe:

Guten Tag,
liebes Glück

(Plate, Sommer, Raabe)

Rote Rüben Carpaccio mit Zitronen-Pfeffer-Mayonnaise VEGAN

Paul Ivić und Kinder der
Mittelschule Kitzbühel/Österreich

Zubereitung

Für die Rote Rübe Wasser in einem mittleren Topf aufkochen. Die Rote Rübe mit allen Zutaten gemeinsam darin je nach Größe in 40–90 Minuten weich kochen.

Für die Mayonnaise die Zitrone waschen, trockenreiben, die Schale fein abreiben und den Saft auspressen. Zitronenschale und -saft zusammen mit den übrigen Zutaten, außer dem Öl, in einen hohen Messbecher geben. Dann das Öl zugießen und einen Stabmixer hineinstellen. Den Mixer „aufziehen", das heißt langsam von unten nach oben bewegen, dabei emulgiert die Masse und wird milchig weiß. Wird die Mayonnaise zu flüssig, noch etwas Zitronensaft zugießen. Die Säure bewirkt, dass die Mayonnaise stockt. Mit Salz und Pfeffer abschmecken.

Haselnüsse in einer Pfanne etwas anrösten, kaltwerden lassen und grob hacken.

Die Rote Rübe abgießen, noch warm schälen (am besten Küchenhandschuhe tragen) in dünne Scheiben hobeln oder schneiden.

Die Scheiben flach auf Tellern verteilen, mit den Haselnüssen garnieren, der Mayonnaise beträufeln und servieren.

Zutaten
für 4 Personen

4 faustgroße Rote Rüben
1 TL Kümmel
1 TL Salz
½ Bund Thymian
2 Zweige Rosmarin
Haselnusskerne zum Garnieren

Zitronen-Pfeffer-Mayonnaise

1 Bio-Zitrone
100 ml Sojamilch
100–200 ml Sonnenblumenöl
1 TL Senf
grober Pfeffer
Meersalz

Gewürzgnocchi mit Kürbis

Paul Ivić und Kinder der
Mittelschule Kitzbühel/Österreich

Zubereitung

Für die Gnocchi Backofen auf 160 °C Umluft vorheizen. Kartoffeln einstechen, Meersalz auf einem Backblech verteilen, Kartoffeln darauflegen und im Ofen ca. 1 Stunde weich garen.

Kartoffeln noch warm schälen und durch die Kartoffelpresse drücken. Auf Zimmertemperatur auskühlen lassen.

Topfen in einem mit Küchentuch ausgelegten Sieb mindestens 1 Stunde abhängen, danach gut auspressen.

500 g Kartoffelmasse für den Teig abwiegen, dann alle Zutaten für die Gnocchi rasch zu einem glatten Teig mischen und abschmecken. Teig auf einer bemehlten Arbeitsfläche zu ca. 2 cm dicken Rollen formen. In ca. 2 cm lange Stücke schneiden und mit den Händen zu ovalen Gnocchi formen.

Reichlich Salzwasser in einem Topf aufkochen und die Gnocchi hineingeben. Sobald sie nach oben steigen, 2–4 Minuten bei niedriger Hitze garziehen lassen, anschließend herausnehmen und abtropfen lassen.

Für die Sauce Schalotten schälen und fein schneiden. Kürbis schälen, entkernen und in kleine Würfel schneiden.

Olivenöl in einer Pfanne erhitzen und zunächst die Schalottenwürfel darin anziehen lassen, dann den Kürbis hinzufügen. Fond angießen und das Gemüse weich garen. Anschließend fein pürieren.

Gnocchi und Sauce in Schüsseln anrichten. Apfel fein reiben, zu den Gnocchi geben und servieren.

Zutaten
für 4 Personen

650 g mehlige Erdäpfel
1 kg grobes Meersalz
80 g Topfen (40%)
180 g Weizenmehl
4–6 Eigelb (je nach Größe)
2 TL Kurkuma
2 TL Muskatnuss
2 TL Salz

Kürbissauce

2 Schalotten
240 g Muskatkürbis
4 EL Olivenöl
500 ml Gemüsefond
Einige Zweige Zitronenverbene
Salz
Saft und Schalenabrieb von 1–2 unbehandelten Limetten
2 Äpfel (Granny Smith)

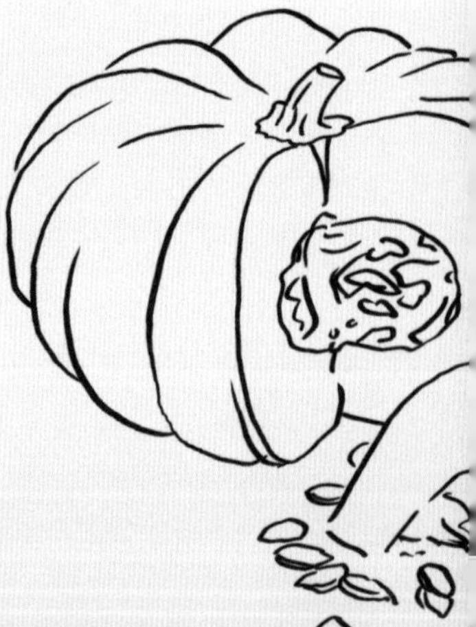

Topfensoufflé mit Beerensuppe

Paul Ivić und Kinder der
Mittelschule Kitzbühel/Österreich

Zubereitung

Für die Beerensuppe Zucker mit Holunderblütenwasser, Gewürzen und Limettenabrieb ca. 5 Minuten lang kochen, bis ein köstlich duftender Sirup entsteht. Beeren hinzufügen.

Mischung vom Herd nehmen und sofort kalt stellen. Kurz vor dem Servieren die Beerensuppe mit etwas Honig verfeinern.

Damit das Soufflé leicht zu stürzen ist, Dariol-Formen mit flüssiger Butter auspinseln und vollständig mit Zucker füllen. Zucker wieder aus der Form gießen, Formen zur Seite stellen. Ofen auf 190 °C vorwärmen.

Eier trennen. Topfen und Eigelb mit Aromen, Sauerrahm sowie Stärkemehl verrühren.

Eiweiß mit dem Zucker zu Schnee schlagen und unter die Masse ziehen.

In die Formen füllen. Ein Blech mit Küchenrolle rutschfest auslegen und gut mit heißem Wasser bedecken.

Im vorgeheizten Ofen je nach Größe der Formen 6–10 Minuten backen.

Zutaten
für 4 Personen

Butter für die Formen
Zucker für die Formen
3 Eier
250 g Topfen
Mark von 1 Vanilleschote
Abrieb 1 unbehandelten Bio-Zitrone
120 ml Sauerrahm
1 TL Stärkemehl
40 g Zucker

Beerensuppe

80 g Zucker
125 g Holunderblütenwasser
1 Pimentkorn
1 Zimtrinde
1 Vanilleschote
Abrieb einer unbehandelten Bio-Limette
250 g gemischte saisonale Beeren
2 EL Honig

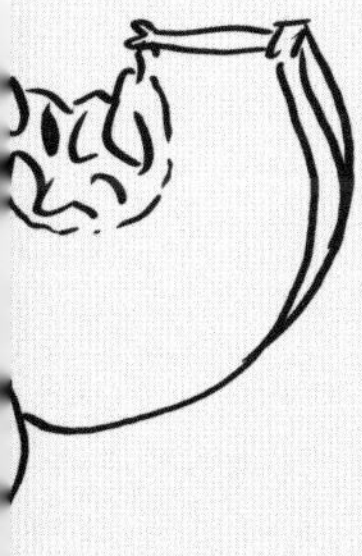

F R E
U N D

S C H
A F T

Rudolf Draheim
Eat_Art, 2023
Öl auf Bütten
30 x 30 cm

Freunde

Zusammen Lieblingsspeisen essen
und auch mal den Größenunterschied messen.
Gemeinsam schöne Lieder singen,
uns wird vieles gut gelingen.
Manchmal auch streiten
wegen Kleinigkeiten.
Wir spielen zusammen lustige Spiele,
erreichen gemeinsam unsere Ziele.
Allein kann niemand diese Sachen,
zusammen können wir viel machen.
Ich mit dir und du mit mir –
das sind wir.
Um die Welt gehen und zurück –
das ist Freundschaft und Glück.

Ambra Okoro, Bruneck (I)

Max Raabe:

Ein Freund, ein guter Freund

(R. Gilbert, Werner R. Heymann)

Vertrauen

Vertrauen und Kraft
Kraft
Kraft und Liebe
Vertrauen
Vertrauen und Liebe
Vertrauen und Kraft und Liebe
und die Freundschaft

Noemi Paribello, Innichen (I)

Freundschaft

Wie eine Sonne ohne Licht,
wie ein Herz ohne Liebe,
wie der Himmel ohne Farben,
wie die Wiese ohne Blumen,
wie die Wolken ohne Formen,
wie das Meer ohne Wellen,
wie ein Baum ohne Wurzeln,
das wäre eine Welt ohne Freunde.

Carina Bachmann, Sillian (A)

Und doch

Allein und doch mit einem Freund
Hoffnungslos und doch jemand, der mir hilft
Traurig und doch mit einem Lächeln im Gesicht
Dunkel und doch Lichter, die unseren Himmel erhellen
Kalt und doch ein bisschen Wärme um mich herum
Suchend und doch irgendwie angekommen

Klara Hell, Toblach (I)

Rudolf Draheim
Eat_Art, 2023
Öl auf Bütten
30 x 30 cm

Freundschaft ist ...

Freundschaft ist, sich in die Augen zu schauen und dieser Person zu vertrauen.
Mit Freunden die ganze Nacht lachen, auch wenn man am nächsten Tag müde ist.
Laufen und wissen, dass man hinfallen und danach wieder aufstehen kann.
In der Schule zusammen lernen und zwischendurch kleine Pausen machen.
Freundschaft ist, Freunde zu bleiben, auch wenn man sich nur selten sieht.

Diana Campo Dall'Orto, Toblach (I)

Zusammenhalt

Zusammenhalt, der so stark wie Eisen ist,
Zusammenhalt, der aussieht wie ein unzertrennliches Band,
Zusammenhalt, der wie frisch gefallener Schnee riecht,
Zusammenhalt, der wie Zuckerwatte auf der Zunge zergeht,
Zusammenhalt, der sich wie ein Ruf von vielen Menschen anhört,
Zusammenhalt fühle ich, sobald wir gemeinsame Lösungen finden.

Nina Mairl, Sand in Taufers (I)

L'amitié

L'empathie est un pont entre les cœurs
qui relie le bonheur et la douleur

Elle nous apprend sans juger
que tout le monde peut s'entraider
L'empathie c'est surtout la pitié
à l'envers tous ceux qui ont galéré

L'empathie se manifeste dans les vraies amitiés
Surtout lorsqu'on s'aime et on se sent aimé

L'empathie c'est aussi la capacité d'entendre
le murmure des émotions, sans aucun
jugement

Elyes Felfel, Nabeul (TUN)

Freundschaft

Empathie ist eine Brücke zwischen den Herzen,
die Glück und Schmerz verbindet.

Sie lehrt uns, ohne zu urteilen,
dass jeder jedem helfen kann.
Empathie bedeutet vor allem,
Mitleid zu fühlen für alle, die es schwer haben.

Empathie zeigt sich in echten Freundschaften.
Vor allem, wenn man sich selbst liebt und sich
geliebt fühlt.

Empathie ist auch die Fähigkeit,
das Flüstern der Emotionen wahrzunehmen,
ohne zu urteilen.

Elyes Felfel, Nabeul (TUN)

Rudolf Draheim
Eat_Art, 2023
Öl auf Bütten
30 x 30 cm

Vorsichtig treten wir auf die Gefahr zu.

Er nimmt meine Hand und wir

Rennen los. Es fühlt sich an, als ob jeden Moment

Tausend Sterne vom Himmel fallen würden. Als es vor uns brüllt, habe ich mich

Richtig erschreckt.

Außer Atem bleiben wir vor der Höhle stehen.

Unsere Hände drücken sich noch fester zusammen.

Er schaut mich an. Ich spüre ein tiefes Vertrauen.

Nur zusammen können wir es schaffen. Und das wissen wir.

Nina Mairl, Sand in Taufers (I)

Tunesischer Salat

Khemais Riabi und Kinder des
Ideale Lycée Secondaire Privé Nabeul, Tunesien

Zubereitung

Gemüse waschen und in kleine Würfel schneiden.

Äpfel schälen und auch in kleine Würfel schneiden.

Die Blätter des ganzen Kopfsalats zum Anrichten aufbewahren.

Vinaigrettesauce mit getrockneter Zitronenminze herstellen.

Hartgekochte Eier in Scheiben schneiden.

Alle Zutaten kurz vor dem Servieren mit dem Dressing mischen und mit schwarzen Oliven garnieren.

Evtl. Fladenbrot dazu reichen.

Zutaten
für 4 Personen

1 Zwiebel
240 g frische Tomaten
160 g süße Paprika
160 g Gurke
80 g Äpfel
2 hartgekochte Eier
10 schwarze Oliven
1 Kopfsalat
Salz
Pfeffer

Dressing

Essig
Olivenöl
Senf
Zitrone
Salz
Pfeffer
Getrocknete Minze

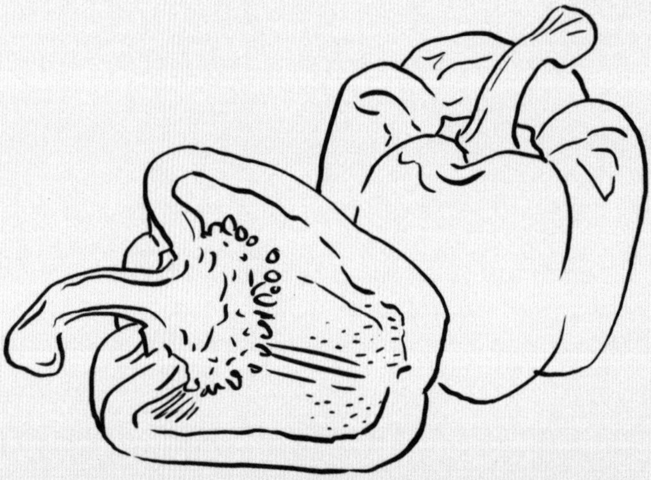

Linseneintopf

Khemais Riabi und Kinder des
Ideale Lycée Secondaire Privé Nabeul, Tunesien

Zubereitung

Linsen verlesen und waschen.

Lauchgrün, Zwiebeln und Karotten fein schneiden.

Knoblauch schälen.

Toastbrot würfelig schneiden.

Linsen, Knoblauch, Lorbeer, Thymian und Rosmarin dazugeben.

Mit 1,2 l Wasser aufgießen.

Zum Kochen bringen, während des Kochens salzen, zugedeckt ca. 1 Stunde sanft kochen lassen. Am Ende der Kochzeit Lorbeer, Thymian und Rosmarin entfernen.

Mixen, durch ein Sieb streichen, aufkochen lassen.

Die Crème fraîche dazugeben und einrühren.

Konsistenz und Würze prüfen und evtl. nachbessern.

Toastbrotwürfel in Butter und Öl goldbraun rösten.

In einem Teller servieren.

Toastbrot (Croutons) separat reichen.

Zutaten
für 4 Personen

400 g Linsen
60 g Lauch
1 Zwiebel
80 g Karotten
1 Knoblauchzehe
1 Lorbeerblatt
1 kleiner Zweig Thymian
1 kleiner Zweig Rosmarin
1,2 l Wasser
20 g Butter
1 EL Öl
100 ml Crème fraîche
80 g Toastbrot
Grobes und feines Salz

Creme aus Aleppokiefersamen

Khemais Riabi und Kinder des
Ideale Lycée Secondaire Privé Nabeul, Tunesien

Zubereitung

Die Pinienkerne sortieren, mehrmals waschen, auf einem Tuch ausbreiten und 2–3 Stunden trocknen lassen.

Die Pinienkerne in einer Pfanne 5–6 Minuten bei geringer Hitze rösten.

Die gerösteten Kerne mit der Hälfte der Wassermenge mixen (200 g Kerne auf 750 ml Wasser) und 12 Stunden kühl stellen.

Die gekühlte Masse durch ein feines Sieb streichen.

Die Rückstände noch 2–3 mal mit der restlichen Wassermenge mixen und passieren.

120 g Mehl hinzufügen, alles gut durchmischen und durch ein Sieb streichen.

Nach dem Kochen in ein Abtropfblech umfüllen und etwas Butter hinzufügen.

▷

Zutaten
für 4 Personen

200 g Pinienkerne (Aleppokiefersamen)
120 g Mehl
200 ml Geranienwasser
160 g Zucker

Konditorcreme

400 ml Milch
3 Eigelb
32 g Stärke
½ Vanilleschote
28 g Butter

Trockenfrüchte

60 g Pistazien
60 g Mandeln
60 g Pinienkerne

Die Creme aus Pinienkernen in einem Topf bei schwacher Hitze kochen, und das Geranienwasser hinzufügen, ca. 20 Minuten lang kochen lassen, gelegentlich umrühren.

Konditorcreme

Die Milch mit einer Vanilleschote zum Kochen bringen.

Die Eigelbe mit dem Zucker über Wasserbad schlagen, Stärke hinzufügen, mit der heißen Milch übergießen, gut verrühren und die restliche Milch unterrühren.

Die Trockenfrüchte für die Füllung vorbereiten (Mandeln, Pistazien und Pinienkerne).

In eine Schale die kalte Pinienkernmasse geben, dann die Konditorcreme, am Ende mit Trockenfrüchten garnieren.

HARMONIE HARMONIE HARMONIE HARMONIE

HARM

HARMONIE HARMONIE HARMONIE HARMONIE HAR

HARMONIE HARMONIE HARMONIE

RMONIE

IE HARMONIE HARMONIE HARMONIE

NIE HARMONIE

Rudolf Draheim
Eat_Art, 2023
Öl auf Bütten
30 x 30 cm

Gedanken

Nichts sehen als blau, grün, gelb, rot – viele Farben.

Nichts fühlen als Geborgenheit.

Nichts spüren als warme Sonnenstrahlen auf der Haut.

Nichts denken als an Urlaub.

Für einen Augenblick glauben, dass es keine Probleme auf der Welt gibt.

Ambra Okoro, Bruneck (I)

Gelb

Helle Sonne

Spiegelt im Wasser

Ich spüre die Wärme

Seelenfrieden

Vertrauen und Liebe

Magdalena Lusser, Sillian (A)

Sonnenuntergang

am Abend gefällt mir sehr

Röte tanzt umher

Lisa Walder, Sillian (A)

Wörter tauschen

Schenk mir deine Wörter
ich gebe dir meine dafür:
Stimmung für mood
und Essen für food
freedom für Freiheit
health für Gesundheit
money für Geld
a hero für Held
Regenbogen für rainbow
und langsam für slow
Zeit für time
und Sonnenschein für sunshine
melody für Melodie
harmony für Harmonie
Kraft für power
und Blume für flower
lass uns die Wörter
tauschen, bis einer
den anderen kennt
und kein Wort uns
mehr trennt.

Lena Eppacher und
Myriam Mairhofer, Ahrntal (I)

Max Raabe:

Ich schlaf am

besten neben dir

(Humpe, Raabe)

Rudolf Draheim
Eat_Art, 2023
Öl auf Bütten
30 x 30 cm

L'harmonie

Dans notre pays règne l'empathie
Avec mes amis, on vit en harmonie

On apaise les douleurs, les chagrins et les
malheurs

Là au fond de toi,
se cache un ennui mortel
Viens et tu verras que la vie est belle

Je suis ton ami fidèle
que tu auras toujours besoin
Pour que tu partages tes sentiments
personnels
Tu te sentiras libre d'esprit comme si tu
avais des ailes

Omnia Ben Cheilkh, Nabeul (TUN)

Harmonie

In unserem Land herrscht Empathie.
Mit meinen Freunden leben wir in Harmonie.

Wir lindern den Schmerz, den Kummer und das
Unglück.

Dort tief in deinem Inneren
steckt eine tödliche Langeweile.
Komm und du wirst sehen, dass das Leben
schön ist.

Ich bin dein treuer Freund,
den du immer brauchen wirst,
damit du deine persönlichen Gefühle teilen
kannst.
Du wirst dich frei fühlen im Geist, so,
als ob du Flügel hättest.

Omnia Ben Cheilkh, Nabeul (TUN)

Rudolf Draheim
Eat_Art, 2023
Öl auf Bütten
30 x 30 cm

Das frühe Meer

Wenn der Morgenglanz auf die Ebbe trifft,

die Winde über dem Wasser eine Prise Salz verteilen

und die Wellen aufeinandertreffen,

fühle ich mich frei.

Sebastian Pircher, Innichen (I)

Harmonie zeigt

Allen den Ausgleich.

Reicht die Hände.

Macht die Herzen auf.

Ohne – will ich nicht sein!

Nähe spüren.

Innehalten.

Einander zur Seite stehen.

Emma Mitteregger, Sillian (A)

Ein Traum

I have a dream

dass die Menschen eines Tages

an einem Ort leben

I have a dream

in dem es keinen Klimawandel

sondern nur die Ruhe

I have a dream

der Natur gibt

Diana Campo Dall'Orto, Toblach (I)

Focaccia mit Kartoffeln / Räucherbohnen-Aufstrich VEGAN

Christof Hellweger und Kinder/Jugendliche des Schulverbundes Pustertal/Südtirol

Zubereitung

Alle drei Mehlsorten und das Kurkumapulver miteinander gut vermischen. Lauwarmes Wasser mit Hefe und Zucker vermengen.

Alle Zutaten ohne Olivenöl und Salz gut verkneten.

In den geschmeidigen Teig Salz und Öl untermischen und kneten.

Über Nacht zugedeckt im Kühlschrank gehen lassen.

Am nächsten Tag aus der Schüssel nehmen, NICHT mehr kneten, 3–4 mal übereinanderschlagen bzw. falten und nach Raumtemperatur 40–60 Minuten gehen lassen.

Mit Fleur de Sel und dem grob gehackten Rosmarin bestreuen, anschließend mit Olivenöl gleichmäßig beträufeln.

Mit den Fingern den aufgegangenen Focacciateig leicht eindrücken, kurz gehen lassen und im vorgeheizten Backrohr bei 200–220 °C Ober-/Unterhitze ca. 25 Minuten backen.

Aufstrich

Räuchertofu, Zwiebel, Dattel, Rosinen, Olivenöl, Knoblauchzehe und gekochte weiße Bohnen gut vermengen.

Bei 170 °C für 20 Minuten in den Ofen schieben.

Die geröstete Menge aus dem Ofen nehmen und mit den restlichen Zutaten im Mixer fein pürieren.

Zutaten
für 1 Backblech (ca. 34 x 40 cm)

250 g Weizenmehl
175 Hartweizenmehl
125 g Dinkelmehl
½ EL Kurkuma
¼ TL Pfeffer schwarz
300 g Wasser
15 g Hefe
10 g Zucker
150 g gekochte passierte Kartoffeln
10 g Salz
2 EL Olivenöl
1 TL Fleur de Sel (Salzblume)
1 Zweig Rosmarin
2 TL Olivenöl zum Beträufeln

Aufstrich

200 g Räuchertofu zerbröselt
½ Zwiebel grob geschnitten
1 Dattel aufgeschnitten
1 EL Rosinen eingeweicht
2 EL Olivenöl
1 Knoblauchzehe
200 gekochte weiße Bohnen
10 cl Gemüsebrühe
1 EL dunkles Mandelmus
1 EL Apfelessig
½ TL Räucherpaprika
½ TL Oregano
1 EL Hefeflocken
2 EL Sojasauce

Kartoffel-Blattlan / “Erdäpfelblattlan“ mit Sauerkraut VEGAN

Christof Hellweger und Kinder/Jugendliche des Schulverbundes Pustertal/Südtirol

Zubereitung

Kartoffeln in der Schale kochen, heiß schälen, passieren und auskühlen lassen.

Alle Zutaten (müssen kalt sein) miteinander gut vermengen.

Teig 4–5 mm dick ausrollen.

Zu verschiedenen rechteckigen Formen zuschneiden oder Kreise ausstechen und sofort in heißem Öl herausbacken.

Am besten mit Sauerkraut servieren.

Zutaten
für 4 Personen

500 g Kartoffeln gekocht und passiert (ideal vom Vortag)
250–300 g Dinkelmehl
2 EL Maisstärke oder Kichererbsenmehl
1 EL Olivenöl
½ TL Salz
Pfeffer und Muskatnuss (beides fein gemahlen)

Südtiroler Apfel in Germteig VEGAN

Christof Hellweger und Kinder/Jugendliche des Schulverbundes Pustertal/Südtirol

Zubereitung

Aus den Zutaten einen glatten und elastischen Germteig zubereiten (evtl. mit Knetmaschine).

Abdecken und 40–45 Minuten gehen lassen.

Teig in vier gleich große Stücke teilen (Vorsicht: restlichen Teig abgedeckt lassen, damit er nicht austrocknet).

Teigstück zu einem Rechteck (ca. 20 x 60 cm) dünn ausrollen (evtl. mit Nudelmaschine).

Mit Mehl einstäuben, um Falten zu vermeiden.

¼ der Butter und des Apfelmuses gleichmäßig auf je einen Teigstreifen verteilen.

Streifen fest aufrollen, halbieren.

Rolle mit Messer längs durchschneiden, flechten und einen Knoten formen.

Knoten in eine gefettete Muffinsform legen, in Klarsichtfolie einschlagen und gehen lassen, bis das Volumen sich verdoppelt hat.

Im vorgeheizten Ofen 200 °C für 25 Minuten backen, abkühlen lassen und mit Puderzucker bestäuben bzw. mit einem Klecks veganer Sahne, den gedünsteten Äpfelwürfeln und dem Schwarzbeerpüree verzieren. ▷

Zutaten

für 4 Personen

160 g Weizenmehl (Type 1050)
140 g Mehl (Type 405)
1 Pkg. Trockenhefe (7g)
½ TL Salz
2 EL Zucker
120 ml lauwarmes Wasser
bis zu 50 ml dazu (falls notwendig)
50 g weiche vegane Butter

Fülle

165 g weiche vegane Butter
100 g Apfelmus

Garnieren

Puderzucker zum Bestäuben
200 g vegane Sahne, aufgeschlagen
100 g gedünstete Äpfelwürfel
50 ml Schwarzbeerpüree

Vanillesauce

20 g Karotten, geschält und geraspelt
50 g vegane Butter
300 ml Sojadrink
1 Vanilleschote
50 g heller Rohrohrzucker
1 Prise Salz
250 g Sojasahne
10 g Speisestärke

Karotten mit Butter und Sojadrink (2 EL zurückhalten) erwärmen.

Vanilleschote längs halbieren, Mark herauskratzen und beides in die Milch geben.

Zucker, Salz und Sahne zufügen.

Alles bei schwacher Hitze 10 Minuten köcheln lassen.

Vanilleschoten entfernen.

Vanillesauce in einen Mixer geben und glattmixen.

Sauce zurück in den Topf geben, restliche Milch mit der Stärke anrühren und in die Sauce geben.

Mit Schneebesen einarbeiten und unter Rühren aufkochen.

Sauce abkühlen lassen und vor dem Servieren schaumig mixen.

ZU
VER
SICH

T

Rudolf Draheim
Eat_Art, 2023
Öl auf Bütten
30 x 30 cm

Hoffnung

Hoffnung, die wie Licht die Dunkelheit erhellt,
Hoffnung, die wie Süßes auf der Zunge schmeckt,
Hoffnung, die wie frisch gebackener Kuchen riecht,
Hoffnung, die wie „Alles wird gut" klingt,
Hoffnung, die sich wie eine kuschelige Decke anfühlt,
lässt mich an das Positive glauben.

Myriam Mairhofer, Ahrntal (I)

Max Raabe:

Es wird wieder gut

(Hagemann, Raabe)

La confiance

Le respect nous permet
de bien tolérer

L'appréciation est la clé de la confiance
qui nous permet de savourer la reconnaissance

L'empathie est un pont qui relie
la compassion avec la sympathie

La durabilité nous permet d'être consolidé
comme le développement durable
L'attention repose sur la vigilance, la
surveillance et la prudence

La gratitude nous permet d'être bienveillant
et aussi reconnaissant

Fares Yahyaoui, Nabeul (TUN)

Zuversicht

Respekt ermöglicht uns,
alles zu ertragen.

Wertschätzung ist der Schlüssel zum Vertrauen,
der uns ermöglicht, Anerkennung zu genießen.

Empathie ist eine Brücke,
die Mitgefühl und Sympathie verbindet.

Nachhaltigkeit ermöglicht uns, gefestigt zu sein
wie nachhaltige Entwicklung.
Achtsamkeit beruht auf Wachsamkeit
und Umsicht.

Dankbarkeit ermöglicht uns, wohlwollend
und zuversichtlich zu sein.

Fares Yahyaoui, Nabeul (TUN)

I have a dream

I have a dream

dass es keine Kriege mehr gibt

I have a dream

und Streit als sinnlos anerkannt wird

I have a dream

von einer Welt, in der niemand unterdrückt wird

I have a dream

und alle, egal wie sie ausschauen, respektiert werden

I have a dream

dass sich alles zum Guten wendet

I have a dream

of a peaceful world.

Naba Maria Keita, Innichen (I)

Rudolf Draheim
Eat_Art, 2023
Öl auf Bütten
30 x 30 cm

Eiswüste

Die ewige Eiswüste und Ich

Ich

Ich und ganz mutterseelenallein

Die ewige Eiswüste

Die ewige Eiswüste und ganz mutterseelenallein

Die ewige Eiswüste und Ich und ganz mutterseelenallein

und doch ein winziger Hoffnungsschimmer

Klara Hell, Toblach (I)

Chaos

Dicke und dünne Striche,

Linien und Formen sind irgendwie durcheinander.

Es ist genauso, wie es jetzt auch ist:

Auf der ganzen Welt herrscht Unordnung.

Alle machen, was sie wollen,

keiner hält sich an Regeln.

Niemand hat vor anderen Respekt.

Das macht mich traurig.

Ich wünsche mir, dass die Welt in helleren Farben erscheint.

Christian Lackner, Kitzbühel (A)

Nachtlied

In den Träumen, die ich träume,
springen Schafe über Zäune,
kann ich Luftschlösser bauen
und positiv in die Zukunft schauen.

Lena Eppacher, Ahrntal (I)

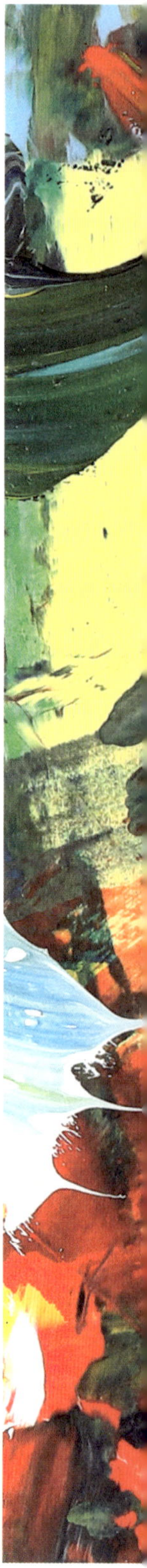

Rudolf Draheim
Eat_Art, 2023
Öl auf Bütten
30 x 30 cm

Hoffnung und Zuversicht

Wenn nach dem Streit der Frieden entsteht
und nach der Hilflosigkeit die Stütze folgt,
wenn nach der Einsamkeit die Liebe kommt
und nach dem Lärm die Stille,
dann habe ich die Hoffnung, dass alles gut wird.

Sara Burgmann, Innichen (I)

Faire Welt

Lebensmittel entstehen im Kreis.
In manchen Regionen ist es sehr heiß.
Einige haben viel, andere haben das nicht.
Es braucht eine weitere Sicht.
Dann hätten alle alles.

Martin Brandstätter, Kitzbühel (A)

Gedanken

Gedanken und Wünsche

Wünsche

Wünsche und Sehnsucht

Gedanken

Gedanken und Sehnsucht

Gedanken und Wünsche und Sehnsucht

und die Träume

Leonie Trojer, Sillian (A)

Zuversicht

vielversprechend stark

in schwierigen Situationen

hilft sie nicht aufzugeben

Erfolg

Noemi Paribello, Innichen (I)

Zum Auftakt

Josef Mühlmann und Jugendliche der
Polytechnischen Schule Sillian/Österreich

Zubereitung

Das Brot im Ofen bei 100 °C knusprig nachbacken, aufschneiden und gewärmt servieren.

Rote Beete-Streifen in heißem Öl frittieren.

Die restlichen Zutaten werden als kleiner Happen zum Gustieren schön angerichtet serviert.

Zutaten
für 4 Personen

Ein Laib Brot nach Wahl
4 EL Kürbiskernöl
Malto Dextrose
Knollenziest in Pickelfond eingelegt (im Fachhandel)
Rote Beete-Streifen

Villgrater Schlipfkrapfen mit Käsebolla Schnittlauch und Nussbutter

Josef Mühlmann und Jugendliche der
Polytechnischen Schule Sillian/Österreich

Zubereitung

Den Teig mit den Zutaten vermengen, geschmeidig kneten und in Folie ruhen lassen.

Für die Füllung die noch warmen Erdäpfel pressen und mit den gebräunten Schalotten sowie den restlichen Zutaten vermengen.

Den Teig 1–2 mm dünn auswalken und mit einem 6–7 cm großen Keksausstecher ausstechen. Dabei achten, dass die Ränder nicht zu viel Mehl haben, sonst lassen sich die Krapfen nicht als Halbmonde verschließen. (wir sagen „pitschen" dazu).

Die Krapfen in gesalzenem Wasser leicht köchelnd einlegen. Wenn sie an der Oberfläche schwimmen, sind sie fertig.

Anrichten, mit dem Käsebolla sowie Schnittlauch und Parmesan bestreuen.

Mit heißer, brauner Bauernbutter übergießen.

Zutaten
für 4 Personen

120 g Roggenmehl
240 g Weizenmehl
2 EL Öl
250 g Wasser
Salz

Füllung

300 g mehlige Erdäpfel
50 g Topfen
4 El Kürbiskernöl
Frische Kräuter (Liebstöckel, Petersilie, Oregano)
Salz
Pfeffer
evtl. Muskatnuss
4 Schalotten

Käsebolla (Frischkäse von der Kuh – auch „Zigolan" genannt – lokale Spezialität)
Parmesan
100 g Bauernbutter

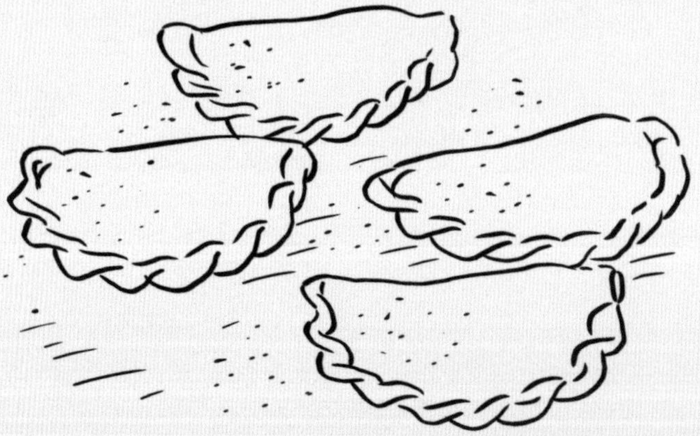

Hafer-Eis, Roggenmuis und Beerentraum

Josef Mühlmann und Jugendliche der
Polytechnischen Schule Sillian/Österreich

Zubereitung

Butter anbräunen, mit Zimt und Mehl anschwitzen. Unter ständigem Rühren Milch aufgießen. Anschließend so lange kochen, bis eine cremige Konsistenz erreicht ist. Für den gepufften Roggen das Korn in Salzwasser weichkochen, überschüssiges Wasser abgießen und auf Silikonmatten aufstreichen. Den Roggen trocknen, als wäre er ungekochter Reis. Dann bei 195 °C schockfrittieren. Gepuffter Roggen wird auf Küchenpapier abgetropft.

Hafer-Eis

Haferdrink mit gebranntem Hafer (das Korn angeröstet) auf die Hälfte auskochen. Gelatine einweichen und einrühren, Zucker und Schlagobers dazugeben. Alles zusammen in der Pacojet-Dose durchfrieren. Anschließend portioniert anrichten.

Beerentraum

Beeren zu je vier Teilen mit Gelierzucker 1:2 einkochen.

Knusper

Für den Knusper einen einfachen Mürbteig herstellen. Alle Zutaten kneten und den Teig mindestens 1 Stunde ruhen lassen. Auf ein Blech aufdröseln und im vorgeheizten Backofen bei 180 °C goldbraun backen. Ausgekühlt unter das Eis geben, damit dieses nicht am Teller schmilzt.

Zutaten
für 4 Personen

3 EL Butter
100 g Roggenmehl frisch gemahlen
1 TL Zimt
3 EL Zucker
500 ml Milch

Hafer-Eis

1 l Haferdrink
3 Blatt Gelatine oder 8 g Agar Agar
3 EL Hafer
120 g Zucker
400 ml Schlagobers

Beerentraum

Johannisbeeren
Ribisel rot und weiß
Schwarzbeeren
Gelierzucker 1:2

Knusper

200 g gebranntes Hafermehl
100 g Butter
1 Dotter
Salz

Mit

Achtsamkeit,

Dankbarkeit,

Respekt,

Zufriedenheit,

Glück,

Freundschaft,

Harmonie und

Zuversicht

sowie

Zielstrebigkeit und

Bescheidenheit

erreicht man

große Ziele.

ZIELSTRE

B I G K E I T

UND
BESCHEIDENHEIT

Rudolf Draheim
Eat_Art, 2023
Öl auf Bütten
30 x 30 cm

© Hanspeter Sinner

Jannik Sinner

* 23 Jahre, Sexten/Südtirol

Weltklasse-Tennisspieler, Sohn von Hanspeter Sinner, einem hervorragenden Koch aus Sexten/Südtirol

„Ich komme aus einer normalen Familie. Wir hatten nie viel Geld. Mein Vater arbeitet als Koch und meine Mutter vermietet Ferienwohnungen.

Mein größtes Vorbild war immer mein Papa. Er kam immer mit einem Lächeln von der Arbeit zurück, auch wenn er einen schwierigen Tag hinter sich hatte, an dem nichts gegangen ist. Er hat mir immer Freude gebracht. Das war das Schöne.

Es ist mir wichtig, die Menschen, die mir sehr am Herzen liegen, in meiner Nähe zu haben. Gewinnen hat sein Gewicht, aber das Wichtigste sind die Beziehungen.

Ich möchte meiner Familie danken. Ich wünschte, jeder könnte solche Eltern haben wie ich. Sie haben mich immer das tun lassen, was ich tun wollte. Ich habe so viele Sportarten gemacht, aber sie haben mich nie unter Druck gesetzt.

Für mich gibt es kein Talent, man muss es sich verdienen. Deine Fähigkeiten sind vielleicht ein bisschen besser, aber wer hart arbeitet, kommt weiter."

Jannik Sinner

Gebackene Gemüsebällchen mit Curry und Miso-Mayonnaise

Hanspeter Sinner, Sexten/Südtirol/Italien
Lieblingsgerichte von Jannik

Zubereitung

Klein gewürfeltes Gemüse in Öl anbraten und anschließend in einem Sieb gut abtropfen lassen.

Sobald das Gemüse abgekühlt ist, mit Frischkäse vermengen und mit Salz und Pfeffer abschmecken.

Aus der Masse kleine Bällchen formen, in Mehl, Eier und Panierbrösel wälzen und für 2 Minuten in heißem Öl frittieren.

Mit Miso-Mayonnaise und Salaten servieren.

Zutaten
für 4 Personen

250 g Peperoni
250 g Zucchini
250 g Karotten
50 g Selleriestange
50 g Petersilienwurzel
50 ml Olivenöl
5 g Curry
200 g Frischkäse
Mayonnaise
Misopaste
Eier
Mehl
Panierbrösel

Latschenrisotto mit gebratenen Steinpilzen

Hanspeter Sinner, Sexten/Südtirol/Italien
Lieblingsgerichte von Jannik

Zubereitung

Risottoreis in einer Pfanne leicht karamellisieren lassen. Währenddessen Schalotten in Olivenöl glasig anschwitzen. Den karamellisierten Reis hinzufügen und mit einem Schuss Weißwein ablöschen. Nach und nach Gemüsebrühe hinzugeben und den Reis unter ständigem Rühren für etwa 15 Minuten köcheln lassen, bis er die gewünschte Konsistenz erreicht hat.

Den Topf vom Herd nehmen und die Mischung mit Latschenbutter und fein geriebenem Bergkäse cremig rühren, um ein vollmundiges Aroma zu erzielen.

Steinpilze sorgfältig putzen und in Stücke schneiden. In einer Pfanne kurz anbraten, bis sie goldbraun sind, und dann über das Risotto geben.

Zum Abschluss das Gericht mit frischen Kräutern garnieren und servieren.

Zutaten
für 4 Personen

300 g Risottoreis
300 g Steinpilze
1 Schalotte
Etwas Weißwein
1 l Gemüsebrühe
Olivenöl
Etwas Zucker
Butter
Bergkäse
Frische Kräuter

Latschenbutter

100 g Butter
50 g gehackte Latschennadeln

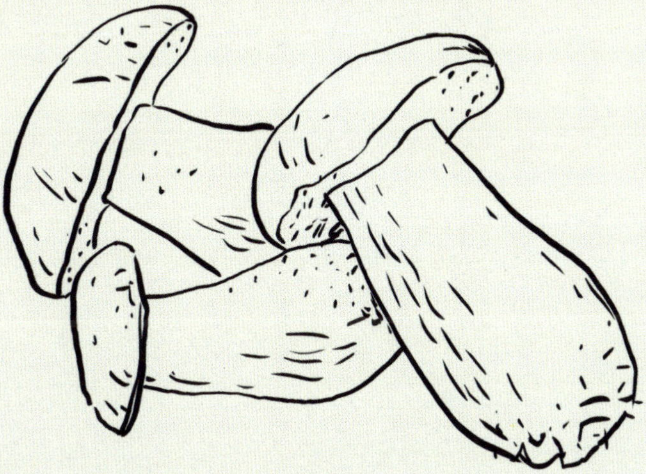

Vanille-Schupfnudeln mit Südtiroler Apfelkompott und Waldfrüchten

Hanspeter Sinner, Sexten/Südtirol/Italien
Lieblingsgerichte von Jannik

Zubereitung

Butter, Zucker und Vanille in einer Schüssel cremig schlagen, bis eine luftige Masse entsteht. Das Ei, Backpulver und Zitronenabrieb hinzufügen und gründlich verrühren. Anschließend die Sahne hinzugeben und langsam das Mehl einarbeiten, bis ein gleichmäßiger Teig entsteht.

Die Teigmasse für etwa 30 Minuten ruhen lassen, um die Aromen zu entfalten. Danach kleine Nudeln formen und in heißem Fett bei 170 °C goldbraun backen.

Die Milch in einem Topf zum Kochen bringen. In einer separaten Schüssel das Ei und den Zucker glattrühren. Die kochende Milch langsam in die Eimischung gießen, dabei kontinuierlich umrühren, bis die Temperatur etwa 80 °C erreicht hat.

Anschließend die Schokolade hinzufügen und gründlich verrühren, bis eine glatte Masse entsteht. Zum Schluss die Sahne unterrühren und die Mischung warmhalten, bis sie serviert wird.

▷

Zutaten
für 4 Personen

50 g Butter
50 g Zucker
1 Ei
1 Msp Backpulver
1 Msp Zitronenabrieb
1 Msp Vanillezucker
70 ml Sahne
210 g Mehl

Sauce

300 ml Milch
30 g Zucker
1 Eigelb
20 g weiße Schokolade
80 g leicht geschlagene Sahne

Kompott

3 Südtiroler Äpfel
1 EL Zucker
30 ml Weißwein

Waldfrüchte zum Garnieren

Die Äpfel entkernen und mit einem Kugelausstecher kleine Kugeln ausstechen. In einer Pfanne Zucker gleichmäßig verteilen und karamellisieren lassen. Den karamellisierten Zucker mit Weißwein ablöschen und die vorbereiteten Äpfel hinzufügen. Die Pfanne abdecken und die Äpfel für 2–3 Minuten sanft dämpfen lassen, bis sie weich sind und das Aroma des Weißweins aufgenommen haben.

Anrichten: Die Sauce gleichmäßig auf die Teller geben. Die Schupfnudeln darauf verteilen und mit Waldbeeren garnieren. Das Gericht mit einer Kugel Creme-Eis für einen köstlichen Abschluss servieren.

Rudolf Draheim

*1941 in Dembno, Polen, lebt und arbeitet in Berlin.

© Hermann Rogger

Rudolf Draheim konzentrierte sich von Anfang an auf die Autarkie der Farbe als Ausdrucksmittel, was ihm internationale Anerkennung einbrachte. Seine Werke, darunter Installationen im Abgeordnetenhaus der FDP in Berlin und in der Kunstsammlung des Deutschen Bundestages, reflektieren seine Auffassung von Farbe als eigenständiges und vielschichtiges Element. Draheims künstlerischer Einfluss erstreckt sich bis nach China, wo er an bedeutenden Veranstaltungen wie dem „First Nanjing International Art Festival" teilnahm und in renommierten Einrichtungen wie der Universität UESTC in Chengdu ausstellte.

Ausbildung

1981–1985 Beginn der Malerei nach künstlerischer Betreuung durch Bruno Schmitz
1975–1983 Studium Religionswissenschaften, Germanistik und Theaterwissenschaft, FU Berlin

Lehrstühle

2014	Berater an der Fakultät of Art der Universität UESTC in Chengdu, VR China
1997	Colloquium „Leib-Praxis/Utopie der Sinnlichkeit", Clubhaus der FU Berlin
1996	Dozent für Farblehre am ZAW, Potsdam-Babelsberg
1995	Künstlerische Mitarbeit am MMB-Pilotprojekt Teachware für das Handwerk, Leitung Prof. Dr. Thiede, Berlin-Potsdam
1990	Lehrauftrag an der Hochschule der Künste, Berlin
1989–1990	Wissenschaftliche Mitarbeit bei einem interdisziplinären Forschungsprojekt für interaktive Kommunikationsprozesse, Leitung Prof. Dr. Thiede, Berlin

Ausgewählte Projekte

2020	Installation des 3-teiligen Bildes „Hope" in der romanischen Klosterkirche St. Marien in Kemnade
2003	Bildinstallation in der Lounge der FDP-Fraktion des Abgeordnetenhauses von Berlin
2002	Projekt „UKUZOBA" in Kapstadt, Südafrika
2000	in Berlin „Projekt voor 1000 Kinder" Kasteel Hoensbrok, Niederlande, mit anschließender Versteigerung durch Christie's
1997	Aufnahme in die Kunstsammlung des Deutschen Bundestages

Ausgewählte Ausstellungen

2023	„Alles Papier", Gruppenausstellung Galerie Fetzer, Sontheim an der Brenz
2022	Gruppenausstellung „Wunder Baum – wunder Wald", Museum Rudolf Stolz, Sexten
2021	Autonomie der Gegensätze, Gut Altenkamp, Papenburg
2016	Ausstellung „Spiegelungen – Prometheus", Galerie Kunst und Kontor, Potsdam
2014	„First Nanjing International Art Festival", China
2014	University of Electronic Science & Technology of China, Chengdu
2014	China Hall, Chengdu, China
2014	MR BIG International Art Center Chengdu, China
2014	Münchhausen, Museum Bodenwerder, Bodenwerder
2014	Kunstforum des Deutschen Herzzentrums, Berlin
2013	Heroall Art Salon in Chengdu, China
2012	Art Place Berlin im Park Inn Hotel am Alexanderplatz, Berlin

Ausgewählte Arbeiten im öffentlichen Besitz

FDP Abgeordnetenhaus in Berlin, Kunstsammlung des deutschen Bundestages, Commerzbank Berlin, Heidenheim, Hartmann AG, Hotel Grand Hyatt, Berlin

Weiteres

2000	Stipendium der Käthe Dorsch Stiftung
1993	Mitglied des BBK Berlin und VG BILD KUNST, Bonn

Max Raabe

*12. Dezember 1962 in Lünen

© Das Palast Orchester

Max Raabe hat eigentlich schon immer gesungen: im Jugendchor, in der Kantorei und auf dem Fahrrad. Sein Musikgeschmack wurde früh durch die Opernwelt Wagners geprägt. Die Radio-Musik der 20er Jahre schuf die Passion für die Musik der Weimarer Zeit. Durch das Sammeln von Schellackplatten wurde er bald zum Experten für die Lieder und den Stil dieser Ära. Es entstand die Idee, selbst mit Frack und Zylinder des Vaters auf der Bühne zu stehen und Lieder der 20er Jahre vorzutragen. Max Raabes Kunst besteht darin, die Form und das Gesicht zu wahren und einen Blick in die Seele zuzulassen.

Ausbildung

Operngesangsstudium und Studienabschluss zum staatlich geprüften Bariton an der Hochschule der Künste in Berlin

1986

- Gründung des „Palast Orchester" mit 12 Kommilitonen (klassisch ausgebildete Musiker)
- internationale Erfolge durch Unterhaltung auf höchstem Niveau mit Konzertreisen durch Europa, USA und Asien

1992

- Schlagartige Bekanntheit durch „Kein Schwein ruft mich an"
- Schauspieler in „Der blaue Engel" von Heinrich Mann unter der Regie von Peter Zadek

2010

- erfolgreiche Komposition (Platin 2012) von 12 Liedern für das Album „Küssen kann man nicht alleine" gemeinsam mit der Sängerin, Musikerin und Komponistin Annette Humpe
- Konzerte mit dem Pianisten Christoph Israel, Duo-CD „Übers Meer"

2012

- zweite Kooperation mit Annette Humpe mit der CD „Für Frauen ist das kein Problem" (Gold 2013)

2017

- Produktion des Albums „Der perfekte Moment … wird heut verpennt" gemeinsam mit den Pop-Fachkräften Annette Humpe, Christoph Israel, Peter Plate, Ulf Leo Sommer, Daniel Faust und Achim Hagemann

2019

- Produktion des Live-Albums „Max Raabe & Palast Orchester MTV Unplugged" als CD/DVD gemeinsam mit den Gästen Herbert Grönemeyer, Lars Eidinger, Namika, Lea, Mr Lordi, Pawel Popolski und Samy Deluxe im Aufnahmeort Clärchens Ballhaus in Berlin

2022

- Album mit Kompositionen von Max Raabe und den genannten Pop-Fachkräften „Wer hat hier schlechte Laune" mit dem Titelsong der vierten Babylon-Berlin-Staffel „Ein Tag wie Gold"

2023

- Max Raabe und Palast Orchester: Album ausschließlich mit Liedern aus den 20ern/30ern: „Mir ist so nach dir"

2007–2021

- als Nachfolger von Loriot Moderator der Operngala der Deutschen Aids-Stiftung in Berlin
- Auftritt bei zahlreichen Benefiz-Veranstaltungen (Schlingensief – Operndorf, Yehudi Menuhin – Live Music Now, Berliner Stadtmission)
- Unterstützung des Projekts „Schule ohne Rassismus – Schule mit Courage"
- Begegnungsinitiative Kinderheim Rumänien

Auszeichnungen

- 2000 Echo Klassik für die CD „Charming Weill" mit neu entdeckten Tanzorchester-Arrangements der Musik Kurt Weills und für die Interpretation des Mackie Messer

Die Köche

© Elisabeth Feichter

Christof Hellweger

* 4. Oktober 1964, Bruneck, Südtirol, Italien

Der Küchenmeister und zertifizierte vegane Ernährungsberater lebt in Sand in Taufers in Südtirol. Nach Jahren der Selbstständigkeit als Hotelier entschied er sich, seiner Passion als Koch nachzugehen. Seit vier Jahren hat er sich der veganen Küche verschrieben und entwickelt stetig neue, pflanzliche Rezepte. Er ist Lehrer für Küchenführung und Kochen an der Landeshotelfachschule (LHFS) Bruneck und Begründer des veganen Restaurants „Vegabula", in dem er in Kooperation mit der LHFS Bruneck Schülerinnen und Schülern die vegane Küche nahebringt. Aktuell leitet er Kurse für veganes Kochen an der Volkshochschule Südtirol.

© Ingo Pertramer

Paul Ivić

*16. August 1978, Serfaus, Tirol, Austria

Beruflicher Werdegang

TIAN Restaurant Wien	1 Michelin Star, 1 Green Michelin Star, 18 Points Gault Millau, Chef de Cuisine und CEO seit 2011
TIAN Bistro am Spittelberg	Wien seit 2015
TIAN Bistro am Berg	Zürs am Arlberg, Austria, 15 Points Gault Millau, Wintersaisonen 2021–2024
TIAN am Meer	Zadar, Croatia, Sommersaisonen 2022 und 2023
TIAN Restaurant München	1 Michelin Star, 1 Green Michelin Star, 16 Points Gault Millau, 2018–2022
Hotel & Resort Schwielowsee	Potsdam, 4 Star Superior, Executive Head Chef
Hotel Seehof Goldegg	Austria, 4 Star Hotel, 15 Points Gault Millau, Chef
Grand Hotel Residenzia	Gran Canaria, Spain, 5 Star Hotel, Small Leading Luxury, Sous Chef
Hotel Trofana Royal	Ischgl, Austria, 5 Star Hotel, 18 Points Gault Millau, Chef Entremetier/Gardemanager
Hotel Schalber	Serfaus, Austria, 5 Star Hotel, 16 Points Gault Millau, Chef Tournant
Hotel Gasthof Post	Lech am Arlberg, Austria, 5 Star Hotel, 16 Points Gault Millau, Demi Tournant
Grand Hotel Regina	Grindelwald, Switzerland, 5 Star Hotel, Leading Hotel of the World, Commis Gardemanager

© Gannerhof

Josef Mühlmann

*17. März 1981, Lienz

Josef Mühlmann ist ein Wirtshauskind. Das alleine sagt vielleicht noch nicht allzu viel aus. Aber Mühlmann ist ein Villgrater Wirtshauskind. Und der Sohn der Grande Dame der Osttiroler Küche. Das – und vermutlich auch ein wenig die raue Natur des Villgratentals – hat ihn zu dem gemacht, was er ist. Auf der einen Seite ein geradliniger Osttiroler Sturschädel, der das Herz auf der Zunge trägt. Auf der anderen ein selbstbewusster, herzlicher und liebevoller Gastgeber.
Kennt man den letzteren Part von ihm, weiß man auch ersteren zu schätzen. Josef lernte sein Handwerk (das Kochen) im elterlichen Betrieb. Allerdings führten ihn die Lehr- und Wanderjahre der Jugend an den Arlberg und nach Serfaus. Nach Frankfurt und nach München. Nach St. Kassian und nach Bahrain. 2003, also genau vor 20 Jahren (herzlichen Glückwunsch zum Jubiläum!), übernahm Mühlmann die Verantwortung in der Gannerhofküche. Nicht ganz reibungslos, aber erfolgreich.

Seit 2017 führen Carola und Josef Mühlmann den Gannerhof gemeinsam. Zusammen haben sie einen kraftvollen Ort gestaltet, an den man immer wieder gerne zurückkommt. Für uns ist Josef Mühlmann ein Paradebeispiel dafür, dass ein hervorragender Koch auch ein großartiger Gastgeber sein kann. Wir wünschen uns, dass seine Arbeit beispielgebend für junge Gastronomen ist. Eine Benchmark in Sachen Kulinarik ist sie ohnehin längst.

Text von Jürgen Schmücking (2023)

© Lycée & Collège Privé, L'idéale Nabeul

Khemais Riabi

* 11. Februar 1971, Tunesien

Ausbildungen und Diplome

Juni 1998	Diplom des brevet de technicien supérieur (BTS) Küche
Juni 1996	Diplom des „brevet d'enseignement hôtelier" (BEH) Fachrichtung Kochen/Pâtisserie
1996/1998	1. und 2. Jahr (BTS); Brevet Technicien Supérieure Fachrichtung Küche am L'Institut Supérieur D'Hôtellerie et de Tourisme Sidi Dhrif (ISHT)
1994/1996	1. und 2. Jahr (BEH); Brevet d'Enseignement Hôtelier spécialité, Küche, an der Hotelfachschule in Nabeul
November 2000	Ausbildung im Hotel Club Med Opio in Frankreich (Management, HACCP und Qualitätsmanagment)

Beruflicher Werdegang

1994–1997	verschiedene Praktika in 3- und 4-Sterne Hotels in Hammamet, Nabeul und Gammarth
ab 1998	Chef de Partie im Hotel Continental in Hammamet, Chef de Partie im Hotel Club Med la Douce in Djerba, Souschef de Cuisine im Hotel Club Med la Fidele, Djerba

Ausbildner

ab 2001 bis heute	Ausbildner im Hotel Club Med Agadir in Marokko, im Hotel Club Med la Nomade in Djerba, an der Hotelfachschule in Nabeul (7 Jahre), am Madinah College of Tourism im Kingdom of Saudi Arabia (10 Jahre)
seit Juli 2020	am L'Institut de Formation dans les Métiers du Tourisme in Nabeul

© Hanspeter und Jannik Sinner

Hanspeter Sinner

*24. November 1963, Innichen, Südtirol, Italien

Ausbildung

Besuch der Berufsschule
Kaiserhof in Meran,
Kulinarische Weiterbildung
in Elsass, Udine und Deutschland

Beruflicher Werdegang

Hotel Hubertushof Toblach
Hotel Kreuzbergpass Sexten
Alpianaresort Völlan
Gourmetrestaurant in Innsbruck
Talschlusshütte in Sexten/Südtirol bis 2023

Die Autorenkinder (11–12 Jahre alt)

Mittelschule Kitzbühel

Leo Baldassi
Martin Brandstätter
Emma Grassmann
Julian Hanka
Andreas Jöchl
Amy Kaindl
Christian Lackner
Ronja Rass

Mittelschule Sillian

Carina Bachmann
Hanna Bodner
Alina Geiler
Magdalena Lusser
Emma Mitteregger
Benjamin Mühlmann
Veit Senfter
Teresa Walder
Leonie Trojer
Lisa Walder
Linda Webhofer

Mittelschulen des Schulverbundes Pustertal

Sara Burgmann, Innichen
Diana Campo Dal'Orto, Toblach
Lena Eppacher, Ahrntal
Samira Forer, Sand in Taufers
Klara Hell, Toblach
Naba Maria Keita, Innichen
Anna Klocker, Innichen
Hannah Kühebacher, Innichen
Nina Mairl, Sand in Taufers
Myriam Mairhofer, Ahrntal
Ambra Okoro, Bruneck
Noemi Paribello, Innichen
Sebastian Pircher, Innichen
Samantha Plitzner, Toblach
Theresa Steinwandter, Toblach
Soraya Strobl, Toblach

Lycée & Collège Privé, L'idéale Nabeul, Tunesien

Omnia Ben Cheilkh
Hanine Ben Farah
Elyes Felfel
Med Aziz Guebsi
Loujain Messaadi
Yassmine Rassil
Fares Yahyaoui
Sélim Ben Zaied

Projekt „KunstKochBuch“ zugunsten der Kinderhilfe Potsdam

KochKomplizen

Mein erster Salat! Meine erste Suppe! Wer einmal erlebt hat, wie 8-Jährige zum ersten Mal Möhren schneiden oder eine Gurke probieren, der weiß, wie wertvoll unsere Profi-Kochkurse für diese Kinder sind.

In erschreckend vielen deutschen Familien wird nicht mehr selbst gekocht! Fertigpizza, Erasco-Eintöpfe aus der Dose, Chips und Döner von der Ecke ersetzen das „aufwändige“ Organisieren: Einkaufen von Zutaten, Vorbereiten, Schälen, Schnippeln, geduldiges Abwarten der Garzeit – und dann gemeinsam am gedeckten Esstisch genießen, statt vor der Glotze die Fertigsuppe zu löffeln. Dieses Gemeinschaftserlebnis war über Jahrhunderte in Familien selbstverständlich. Doch Hunderttausende Kinder kennen diese Esskultur nur noch aus Erzählungen oder Filmen.

Kihi
KINDERHILFE
POTSDAM E.V.

Kinderhilfe Potsdam will ihnen dieses Erlebnis zurückbringen!

Seit mehr als zwei Jahren arbeiten wir für dieses Ziel in der Hoffnung, dass die Erlebnisse der Kleinen das Familienleben nach und nach verändern. Dabei zählt jeder Schritt. Zunächst haben wir mit kleinen Gruppen (max. 8 Kinder) angefangen: Ein ausgebildeter Koch und Vereinsgründerin Dr. Tanja Fischer haben den Kindern einfachste Grundsätze von gesunder Ernährung erklärt („Was hat die Gurke, was Chips nicht haben?“). Die Kleinen lernten erstmals, Gemüse zu kochen, Salat zuzubereiten – und waren erstaunt über die unbekannten Sinneseindrücke. Die Kurse fanden statt in der Küche des Begegnungszentrums „oskar.“ in Potsdam. Auf Initiative der Schulleiterin Amrai Dettbarn erhalten inzwischen alle Kinder der „Grundschule am Priesterweg“ in der 5. Klasse drei Kochkurse von „Kinderhilfe Potsdam“. Dorota Vehlewald vom Vorstand des Vereins gibt ehrenamtlich zusätzliche Kochkurse am Begegnungszentrum „oskar.“ und für Kinder der „Arche“.

KochKomplizin Dorota Vehlewald: „Bei uns lernen die Kinder: Kochen ist keine Arbeit, Kochen macht Spaß! Deshalb helfen Sie uns mit Ihrer Spende! Und zaubern Sie ein Lächeln auf die Gesichter der Kleinen!“

Dank an

- Rudolf Draheim (Berlin)
- Max Raabe (Berlin)
- die Kinder aus Südtirol, Österreich und Tunesien, welche die poetischen Texte zu den Bildern von Rudolf Draheim verfasst haben

- die Erwachsenen, die die Kinder im Schreibprozess begleitet haben, namentlich:
  Christine Mutschlechner, Reginalda Tschurtschenthaler,
  Carla Ebenkofler, Lisbeth Holzer, Thomas Innerbichler,
  Berta Rigo, Klaus Trenker (Südtirol)
  Dir. Angelika Trenkwalder und Priska Wahrstätter (Kitzbühel)
  Dir. Andreas Strasser und Gerhilde Mascher (Sillian)
  Wissem Ben Abdallah, Karim Trabelsi (Nabeul/Tunesien)
  Botschafterin Ulla Krauss-Nussbaumer und Marion Kasten (Tunis)

- Paul Ivić (Wien)
- Josef Mühlmann (Innervillgraten/Osttirol)
- Christof Hellweger (Bruneck/Südtirol)
- Khemais Riabi (Nabeul/Tunesien)
- Hanspeter und Jannik Sinner (Sexten/Südtirol)

Diese Publikation erscheint zugunsten des Vereins „Kinderhilfe Potsdam“ und wurde ermöglicht durch die Unterstützung von:

Monika Egger (Potsdam)
Marlene Kranebitter, Schulverbund Pustertal (Südtirol)
Bürgermeister Dr. Klaus Winkler, Stadt Kitzbühel
Günther Eder, Die Wilden Kaiser Werbeagentur (Oberndorf bei Kitzbühel)

Impressum

Herausgeber
Monika Egger, Potsdam
und Schulverbund Pustertal,
Begabungsförderung, Bruneck/Südtirol

Projektidee und Gesamtleitung
Hermann Rogger

Kunstwerke
Rudolf Draheim
EAT_ART, 2023
Serie von 25 Bildern
Öl auf Bütten
30 x 30 cm

Fotos der Kunstwerke
Johannes Watschinger

Schreibberatung
Christine Mutschlechner
Reginalda Tschurtschenthaler

Redaktion und Lektorat
Elisabeth Bachler
Christine Mutschlechner
Hermann Rogger
Reginalda Tschurtschenthaler

Gestaltung und Satz
Die Wilden Kaiser KG
Pass-Thurn-Straße 23, ArcheNEO 1B
6372 Oberndorf/Kitzbühel
www.diewildenkaiser.com

Druck und Bindung, Verlag
Hermagoras Verein Klagenfurt/Celovec
Viktringer Ring 26
9020 Klagenfurt/Celovec
www.hermagoras.com

Printed in Austria

Die Deutsche Nationalbibliothek verzeichnet diese Publikation in der Deutschen Nationalbibliografie.
ISBN 978-3-7086-1354-3

Mohorjeva Hermagoras